U0625314

新时代中华传统文化知识丛书

中华古代交通

李燕 罗日明 主编

应急管理出版社

·北京·

图书在版编目（CIP）数据

中华古代交通/李燕，罗日明主编 . －－北京：应急管
理出版社，2024

（新时代中华传统文化知识丛书）

ISBN 978 － 7 － 5237 － 0080 － 8

Ⅰ . ①中… Ⅱ . ①李… ②罗… Ⅲ . ①交通运输史—
中国—古代 Ⅳ . ①F512.9

中国国家版本馆 CIP 数据核字（2023）第 234440 号

中华古代交通（新时代中华传统文化知识丛书）

主　　编	李　燕　罗日明
责任编辑	郑　义
封面设计	薛　芳

出版发行　　应急管理出版社（北京市朝阳区芍药居 35 号　100029）

电　　话　　010 － 84657898（总编室）　010 － 84657880（读者服务部）

网　　址　　www.cciph.com.cn

印　　刷　　天津睿意佳彩印刷有限公司

经　　销　　全国新华书店

开　　本　　710mm×1000mm$^1/_{16}$　**印张**　9$^1/_2$　**字数**　105 千字

版　　次　　2024 年 7 月第 1 版　2024 年 7 月第 1 次印刷

社内编号　20231299　　　　**定价**　39.80 元

版权所有　违者必究

本书如有缺页、倒页、脱页等质量问题，本社负责调换，电话:010 － 84657880

序 言

中国是四大文明古国之一，是一个幅员辽阔、河湖众多、海域广大的国家，拥有优越的发展水陆交通的条件。

在中国文明的发展历程中，交通经历了千年的演变，从原始的人力拖拽到今天的航空运输，从古时候的烽火传报到今日的卫星通信，薪火相传，生生不息，一直以欣欣向荣之势蓬勃发展。

具体来讲，我国古代交通指的是从远古时期至清朝末年的交通发展，大致可以划分为以下五个阶段。

先秦时期，我国古代交通就已经初具规模。商朝是交通的发展期，不仅驿传制度有所发展，交通工具也日益多样化。春秋战国时期，国家间纷争不断，战车成为必不可少的交通和战斗工具，各国为此还修建了许多供战车通行的道路。这一时期，水路交通也有了初步的发展，各国相继开凿了许多人工运河。

秦汉时期，陆路交通逐渐形成全国性网络。秦始皇灭六国统一天下后，修筑了遍及全国的驰道，同时也设置了驿道。汉朝时期，汉武帝派张骞出使西域，开辟了具有划时代意义的丝绸之路。这条通道在中外文化交流中发挥着不可替代的作用。秦汉时期的水路交通也有所发展。秦朝开凿了灵渠，沟通了长江和珠江水系；汉朝则开辟了沟通东西方的海上航线。

隋唐时期，水陆交通进入一个新的发展时期。这一时期最为瞩目的成就当属隋炀帝开凿贯通南北的大运河。大运河的贯通使得漕运得到了发展。唐朝则以长安为中心在全国构建了四通八达的驿道系统，可谓"条条大路通长安"。

宋元时期，我国古代交通发展达到鼎盛时期。宋朝时期，帆船成为海上航行的主要交通工具，指南针也被应用于航海，极大地促进了海运的发展。元朝在前朝基础上继续开凿运河，京杭大运河全线通航，为漕运的全面发展提供了机会。元朝同样构筑了以元大都为中心，通向全国乃至境外的驿路交通网。

明清时期，古代交通日益衰落。明朝年间，我国航海事业盛况空前，伟大的航海家郑和率领船队七下西洋，但后来随着海禁政策的实行，航海事业逐渐衰落。1840年，鸦片战争爆发，西方列强入侵，给中华大地带来无数灾难的同时，也带来了火车、轮船等近代交通工具，铁路、公路、航线也随之开辟。中国开始逐渐告别以人力车、畜力车运输货物的时代。

本书参考了众多历史典籍资料，较为全面系统地展现了中国古代交通文化、古代交通道路、古代交通技术、古代邮驿制度、古代桥梁关津、古代交通轶事等方面的内容，力求将中国古代交通的演变与发展展现在读者面前。

任何一个民族想要屹立于世界民族之林，都必须有自尊、自信、自强的民族意识，而文化是促使民族意识觉醒的重要工具。我们编写这本《中华古代交通》，就是为了弘扬中华优秀的传统文化，为渴望了解中华古代交通的读者提供重要资料。

目 录

第一章

古代的
交通文化

一、传说时代的"交通"

中国的历史十分悠久，交通工具也随着时代发展不断演变。在遥远的传说时代（也称"传疑时代"，指的是夏朝之前的远古时期），人们会以何种方式出行呢？

我国的交通史源远流长。伴随着人类的产生，交通也随之出现。尧舜时期，道路就已经存在，当时被称作"康衢"。

远古先民的出行皆是由双脚丈量大地开始的，而后随着道路的诞生，交通工具也开始日益多样化，步行不再是人们出行的唯一选择。《汉书·地理志》中记载："昔在黄帝，作舟车以济不通，旁行天下，方制万里，画野分州，得百里之国万区。"由此可知，早在黄帝时期，车和舟便已经出现。

此外，传说时代的黄帝、舜帝、尧帝等这些部落联盟首领最为常见的交通行为便是巡狩。他们时不时就要出去"巡狩"一番，以便维系权力、推行教化、促进交流。

《史记·五帝本纪》中记载黄帝曾"东至于海，登丸山，及岱宗。西至于空桐，登鸡头。南至于江，登熊、湘。北逐荤粥，合符釜山，而邑于涿鹿之阿"。依据《史记》三家注（刘宋裴骃的《史记集解》、唐代司马贞的《史记索隐》和唐代张守节的《史记正义》）中的解释，丸山位于今天的山东省潍

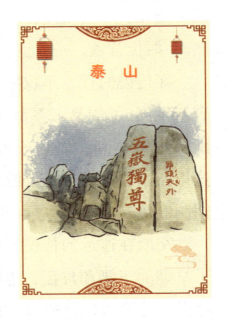

坊市；岱宗指泰山，位于今天的山东省泰安市北部；熊山位于今天的陕西省商洛市商州区；湘山位于今天的湖南省益阳市；涿鹿位于今天的河北省涿鹿县。可见，黄帝巡狩的足迹几乎遍布当时的各个地区。

帝舜即位后的第一件事是"辟四门，达四聪"，二月巡泰山，五月去衡山，八月访华山，十一月到恒山。而夏禹的事业，也是由"随山刊木，奠高山大川"开始的，他在黄河和长江两大流域都留下了足迹。

另外，经常有部落联盟首领在巡狩途中去世，比如舜

和禹。《史记·五帝本纪》中记载："践帝位三十九年，南巡狩，崩于苍梧之野。葬于江南九疑，是为零陵。"《史记·夏本纪》中记载："十年，帝禹东巡狩，至于会稽而崩。"两位首领，一位崩于苍梧，一位崩于会稽。

在传说时代，不仅陆路交通有所发展，水路交通同样有所发展。《周易·系辞下》中记载："刳木为舟，剡木为楫，舟楫之利，以济不通。致远以利天下，盖取诸涣。"这里指出，远古先民已经懂得将木材做成小舟，并用木料削制船桨。

交通在遥远的传说时代已经悄然萌芽。远古先民制造了早期的车辆和舟筏，也已经产生了早期的交通行为。可以说，传说时代完美地书写了古代交通史的第一页。

二、从步行到车马

交通工具的演变贯穿于中华民族的发展之中。从步行到车马，并不是一蹴而就的转变，而是经历了相对漫长的发展历程。

远古时代，人类基本靠步行去采集和狩猎，用木棍或者长矛当扁担来运送东西。后来，随着对周围环境的不断探索，远古先民开始寻求更加省时省力的交通方式。他们开始尝试造车和骑马。

关于车这一交通工具，最早可追溯至三皇五帝时期。《古史考》中认为黄帝是车的最初创造者。少昊生活的时期，人们开始使用牛来拉车，也就是所谓的"牛车"。大禹时期的奚仲将牛拉车变为马来拉车。"黄帝作车，引重致远。少昊时，略加牛；禹时，奚仲加马"。

而在《墨子》《荀子》《世本》《吕氏春秋》等历史典籍中则记载为奚仲造车。《世本》："奚仲作车。"许慎在

《说文解字》中认为"车，夏后时奚仲所造"。《管子·形势解》中还对奚仲造的车做出评价："奚仲之为车器也，方圆曲直，皆中规矩钩绳，故机旋相得，用之牢利，成器坚固。"从这里可以看出奚仲所造的车结构合理，坚固耐用，驾驶起来也十分灵活。《荀子·解蔽篇》中记载："倕作弓，浮游作矢，而羿精于射；奚仲作车，乘杜作乘马，而造父精于御。"这里指出，奚仲所造之车所使用的牵引工具就是马。

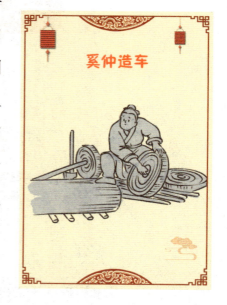

当然，不管车是谁发明的，都为当时的交通发展作出了重大贡献。而马车的发明在中国也是一个伟大的创举。至商代，马车凭借造型美观、结构牢固、运转迅速等优点成为商朝贵族出行的重要交通工具。除了马车外，马本身也是古人出行常用的代步工具。

到了春秋战国时期，各国之间战乱不断，马车一度成为国力的象征，哪国拥有的马车多，哪国的国力就越强。可以说，秦国能够统一天下，与马也有着千丝万缕的联系。秦国的封地位于陇东高原一带，这里具有养马的天然优势，所以秦国的马匹优于中原的马匹。打仗必不可少的就是良马，在这一方面秦国确实有优势，在秦国拥有"车千乘，骑万匹"时，魏国才有"骑五千匹"，燕国也只有"骑六千匹"。可见这些国家在"硬件"这方面都不如秦国。

这一时期虽然马和马车已成为常用的交通工具，但却并不是人人都能享用的。在等级制度森严的古代，马车只是那些王公贵族的专属，普通百姓出行主要还是要靠走路，条件好一些的也许能乘坐牛车。

三、古代交通中的等级制度

等级差别贯穿于古代社会的始终，这种等级制度也体现在了古代交通中。我国古代交通中的等级制度主要体现在骑乘权上，即在使用交通工具时有尊卑贵贱之分。

商朝时期，马和马车等交通工具已经较为普及，但受等级制度的影响，只有少数人能享用。奴隶社会的王和封建社会的皇帝作为最高统治者，对这些交通工具也有优先享用权。除了天子，国人依照士、农、工、商四民划分等级，是否可以骑马、乘车基本也按照这四个等级来判定。

关于骑马和乘车，各朝有各朝的限制。例如汉代受重农抑商政策的影响，商人的社会地位很低，是不允许骑马和乘车的。在唐代，工商、僧道、贱民是没有资格骑马的。元代时，娼妓不准乘车。

　　除了马和车，古代还有轿子这种交通工具。根据《汉书》中"舆轿而逾领"的记载可知，在汉代已经出现了轿子这种代步工具，"舆轿"指的就是轿子。古代官员在乘轿这方面的等级制度极为严格。

　　唐朝时期明确规定，朝廷各级官员中，除一品宰相和仆射生病时可以乘轿外，其余官员一律不准乘轿，士人和庶民更是没有乘轿的资格。如果其他品阶的朝廷命官出差途中不幸染病，也不能直接乘轿，必须先上报中书、门下和御史台，经批准后才能乘轿。

　　北宋初年，宋太宗颁布"非品官不得乘暖轿"的规定，其他人无论尊卑都不准乘坐。虽有规定，但北宋时期民间的轿子却越来越多，出门坐轿成为流行风气。南宋时期，轿子的使用数量超过了车，各级官员偏重于坐轿，很少乘车。

　　明朝初期，明太祖朱元璋规定三品以上的京官可以乘轿出行，四品以下的京官和地方官只能骑马。直到景泰年间官员乘轿的限制才放宽。明朝中后期，轿子开始成为官员的代步工具。

　　清朝时期，清政府加强了轿制的等级与规定。《大清律例》规定："凡官民、房舍、车服、器物之类，各有等第。"满族官员，只有亲王、郡王、大学士、尚书才能乘轿，贝勒、贝子、公、都统以及二品文臣，非老不得乘轿，其余的官员，无论文官还是武官，都不得乘轿。在民间，没有官位和爵位的富商以及普通百姓只能乘坐民轿。

值得一提的是，在享有骑乘权的这些人之间，也体现出了等级差异。他们之间的等级差异反映在交通工具的类型、数量、制造材料以及装饰、颜色上。皇帝作为九五至尊，其乘坐的马车必然是最好的。历代帝王都有自己的专用车，例如，秦始皇的专用车名为辒辌车，大汉天子的专用车为金根车。

不同品级的官员乘坐的马车也不一样。隋朝时期，三品以上的官员可以乘坐通幰车（幰是用来罩车、遮阳、防风、避雨的设备），五品以上的官员乘坐亘幰车，六品以下的官员所乘车辆则不允许拖幰。可见，"幰"就是用来区分官员品级的标志。

有骑马权的人的等级差别是通过马饰和鞍饰来体现的。宋朝时只有三品以上的京官才被允许以缨饰马。明朝官民皆可以缨饰马，但不允许使用红缨，只能用黑缨。关于鞍辔的装饰，历朝历代也有规定。比如，元朝就规定一品官员可用金、玉来装饰鞍辔，二、三品官员可用金饰，四、五品官员可用银饰，六品以下只能用铁饰。

坐轿者的等级差别则是通过轿子的结构、装饰和抬轿的人数来体现的。清朝规定官轿可以使用起拱轿顶，但民间的轿子一律不准起拱。不同等级的人所需要的抬轿人数也有区别：三品以上的京官在京由四人抬轿，出京由八人抬轿；外省督抚为八人抬轿；亲王、郡王为八人抬轿；皇帝、太后则需二十四人抬轿；等等。

古代官轿

古代交通的等级规定是消极、腐朽的，但在此基础上，也衍生出了一些交通观念，例如"父之齿随行，兄之齿雁行，朋友不相踰""君子耆老不徒行"等。这些观念对于形成良好的道路秩序具有一定的积极意义。

四、古代的交通法规

古代也是有交通规则的。我国古代的交通工具各式各样，车、船、轿子、牲口应有尽有，如果没有一定的交通规则来约束，道路交通就会陷入混乱。

战国时期就已经有了交通分流的记载。《周礼·考工记·匠人》中记载："匠人营国，方九里，旁三门。"是说建造都城时，为了方便分流，会设置三个门。这是我国历史上最早的关于交通分流的记载，充分体现了古人的交通安全意识。

唐朝的《仪制令》是我国历史上最早的交通法规，距今已有一千三百余年的历史，其中提出了"贱避贵，少避长，轻避重，去避来"的交通规则。"贱避贵"，指的是平民百姓要给达官显贵让路；"少避长"，指的是年少者要给年长者让路；"轻避重"，指的是携带物品较少的人要给负重的人让路；"去避来"，指的是下坡的人要给上坡的人让路，行人给车马让路。

不得不说，除了具有浓厚等级色彩的"贱避贵"，其余三项"少避长""轻避重""去避来"已经颇有现代"礼让三先"的意味了。

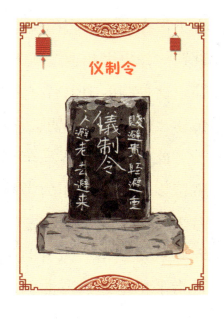

《仪制令》虽然出现在唐朝，但当时并没有广泛应用。直到北宋时期，朝廷开始重视《仪制令》的推广，将交通规则刻于木牌之上，放置在京城以及各州的主要道路上，提醒路人遵守交通规则。《仪制令》不仅是当时的交通规则，也是解决交通冲突的依据。

众所周知，我国奉行的交通规则是靠右通行。这一交通规则的历史非常悠久，源自古代军队的队列规定。古时战乱不断，军队就成了保障国家稳定的重要组织。由于古时的道路都比较窄，士兵又都是用右肩扛着兵器，所以当两支军队在行进中相逢时，只能将左边让给迎面而来的军队，自动靠右行走。唐朝时期就有右侧通行的明文规定了。《新唐书·马周传》载："城门入由左，出由右。""入由左，出由右"就是右侧通行的规则。

除了右侧通行，唐代对超速行为也有明文规定。任何人不得在街道上超速疾驰，如果违反，将会受到荆条鞭打的处罚。如果因超速造成人员伤亡的，还要处以罚款。除了处罚，这种制度中也有一定的人文关怀，即如果是因紧急公文传递、病急投医、朝堂急事超速疾驰，则可以免除处罚。

此外，古代驾马车也是需要考"驾照"的。春秋时期就曾以"五御"作为考核标准，即"鸣和鸾、逐水曲、过君表、舞交衢、逐禽左"。"鸣和鸾"是指装饰在车上的铃铛必须要错落有致并且能发出悦耳动听的声音；"逐水曲"是指平稳地通过弯曲的河道，与如今驾校中的 S 弯考核如出一辙；"过君表"是指驾车经过辕门时，要中而不偏，表示礼仪；"舞交衢"是指在交叉路口可以长距离行驶并能控制马车转弯；"逐禽左"是指驾车时要把车辆驾驶到禽兽的左侧，方便射杀。"逐禽左"考查的是驾车射杀能力，因为古代男子经常要上战场打仗，这就要求他们具有在驾车的同时追杀敌军的本领。

看来，无论古今，人们都是非常重视交通安全的。交通法规由来已久，现代很多交通规则都能在古代交通法规中找到渊源。从某种意义上来说，这也是一种历史文化的传承。

五、古代交通建设的目的与意义

在古代，自最高统治者"王"出现起，所有的政策都是为维护其统治服务的。古代交通建设的目的与意义也主要在于此。

交通系统是一个国家得以生存和发展的重要前提之一。这也是历朝历代统治者都特别重视道路的修建，将交通系统建设作为国家建立后的重要目标的原因。

英国著名历史学家汤因比在《历史研究》中提出了这样的观点：交通系统是新生国家存在的必要基础，新国家首要建设交通，是为了有效保护或发展政权，以便得到长久稳固的统治。

可以说，古代交通的建设对于国家政治有着积极意义。交通的畅通与发展有利于中央王朝控制地方和治理疆土，因此历朝历代以国都作为中心，向外辐射，修筑四通八达的道路，以此来建立与全国各地的交通联系。

古代交通的建设对当时的经济增长也有着不可替代的促进作用。无论是丝绸之路的开辟，还是京杭大运河的贯通，都带动了海内外贸易的发展，对于国家经济具有极大的促进作用。

古代交通的建设还有利于军事活动的展开。在国与国之间的战争中，交通发挥着至关重要的作用。一个国家只有交通发达，才能在战争来临之时，快速有效地对前线进行补给与防御，从而守卫本国的领土。因此交通的建设也具有很大的战略意义。

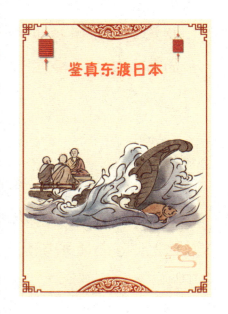

另外，由于道路的贯通，距离的壁垒被打破，使得各民族的交流与融合成为可能。连接汉族与藏族友谊的贸易之路——茶马古道，就是最好的证明。交通建设还推动了国家之间的文化交流。唐朝时期，随着海上通道日益发达，日本曾多次派出遣唐使前来学习中华文化。大唐高僧鉴真也曾东渡日本，宣扬佛法，并将中国的文化带到了日本。这一切得以实现的前提正是便捷的海运交通。

　　交通系统是一个国家经济、政治、军事发展的重要基础，是与其他国家竞争的关键因素。一个国家交通越发达，其行政效率就越高，统治者可能得到的人力与物力资源就越多。可以说，交通的建设对国家的政治、经济和军事的发展都有重要意义。

第二章

古代的
交通道路

一、一条周道贯通东西

《罗马典故》中说："条条大路通罗马。"正是因为道路的出现，才架起了人与人之间、国与国之间沟通的桥梁。早在西周时期，统治者就很重视道路的修建，在周朝国都与各个诸侯国之间修建了一条条"周道"。

周朝建立后，实行的是分封制，很多诸侯国被分封在了离王畿较远的地方。为了加强对各个诸侯国的控制，以及便于诸侯国定期向周朝纳贡，周王室修建了许多周道。

关于周道，《诗经》中曾反复提及。《诗经·小雅·大东》中写道："周道如砥，其直如矢。君子如履，小人所视。"这里提到的"周道"，就是周王室修建的道路，也称"周行"。

周武王灭商建周后，率先在西都镐京和东都洛邑之间修建了一条周道。这条道路西起丰镐（今陕西西安）地区，途经郑国、伊洛平原，终至东都洛邑（今河南洛阳），又称"王道"，是周朝最高等级的道路。墨子曾这样形容这条道路："王道荡荡，不偏不党；王道平平，不党不偏。其直若矢，其易若砥。"大概意思是周道坦荡宽阔、平直易行。

以"王道"为中心，周王室又分别向西及西南方、东方、南方、东南方和北方修建了几条放射性的大道。向西及西南方可到达今天宝鸡、凤翔一带；向东可抵达齐国（今山东临淄一带）、邻国（今河南郑州以南）、谭国（今山东济南历城一带）；向南可达江汉地区的周道，然后直通申国（今河南南阳一带）；向东南最远可抵达淮夷地区（今江苏、安徽境内）；向北的大道有两条，一条直通晋中地区，另一条可达燕国（今北京一带）。

周朝的路可分为五等：最小的路为"径"，只能容车马通行；稍宽一些的路为"畛"，可以容纳大车行走；再宽一些的路为"涂"，相当于如今的单车道；比"涂"再大的为"道"，可容两车并行，相当于如今的双车道；最大的为"路"，可容四辆车并行，相当于今天的四车道。

此外，周朝道路上的交通设施也非常完善。《逸周书·大聚》中记载："辟开修道，五里有郊，十里有井，二十里有舍。远旅来至关，人易资，舍有委。"从这里可以看出，周朝在修建道路时每隔一段距离就会设置一定的服务设施，每十里就会挖一口水井，每二十里就会建一所供人休息的庐舍。

周朝也非常重视对道路的管理，设置了专门负责道路管理和维护的官职"野庐氏"，下设"司险""候人"等属官。

周道不仅是西周交通的中轴线，还是王室的"生命线"，而且在我国交通发展史上有着重大的意义。其至宋元明清时期依然是横贯东西的大动脉，在我国经济文化发展史上也发挥了重要的作用。

二、车同轨，驻驰道

　　秦始皇统一六国，建立秦朝后，开始贯彻"车同轨"的政策，将车辆上两个轮子间的距离统一为六尺，以方便全国各地的车辆往来。此外，他还在全国广修驰道与直道。

　　秦始皇统一六国后，为了方便政令通达、信息传递和民间交往，以及对地方进行管理，不仅实行了"车同轨"政策，还下令修建了由都城咸阳通往全国各地的道路。秦朝的道路主要有两种：一种是驰道；另一种是直道。

　　驰道被誉为"中国历史上最早的国道"，是秦朝时期最具特色的道路，专供皇帝出行使用。秦朝著名的驰道主要有九条，有出高陵通陕北的上郡道，过黄河通山西的临晋道，出函谷关通河南、河北、山东的东方道，出今商洛通东南的武关道，出秦岭通四川的秦蜀栈道，出陇县通宁夏、甘肃的西方道等。

关于驰道，《汉书·贾山传》中记载道："秦为驰道于天下，东穷燕、齐，南极吴、楚，江湖之上，滨海之观毕至。道广五十步，三丈而树，厚筑其外，隐以金椎，树以青松。"从这一记载我们可以了解，秦朝的驰道广布天下，而且极为宽阔，道路宽五十步，两旁每隔三丈就会种植一棵青松。

除驰道外，秦朝还修建了直道。始皇帝三十五年（前212年），为了抗击匈奴，秦始皇命大将蒙恬修建了一条南起云阳（今陕西淳化），北至九原（今内蒙古包头地区）的交通干道。由于这条道路大体南北笔直，所以得名"直道"。

因修建直道的地区地形复杂、道路险峻，所以工程进度极

为缓慢，直到始皇帝三十七年（前210年）才修筑完成。秦朝灭亡后，秦直道还一直为此后的各个朝代提供交通服务，直到清朝时期才逐渐废弃。时至今日，我们还能在秦直道途经的地域找到它的遗迹。

虽然同为道路，但驰道和直道却有着明显的区别。首先，位置不同。驰道是以秦国都城咸阳为中心，通往全国各地的。其次，用途不同。驰道主要用于交通，直道则用于军事。再次，速度不同。直道为平直的大道，速度要快于驰道。最后，数量不同。驰道有多条，但直道只有一条。

驰道与直道的修建是秦汉时期规模宏大的筑路工程，对促进全国的经济、文化交流以及北御匈奴具有重要的意义。但劳民伤财地大兴土木修建道路，尤其是修建用于秦始皇出巡的驰道，也加重了秦朝百姓的负担，为秦末农民起义埋下了伏笔。

三、陆上丝绸之路的开辟

　　丝绸之路起初只指自长安经今新疆而抵中亚和西亚的陆上交通，后范围逐渐扩大，远及亚、非、欧三洲，并包括海、陆两方面的交通路线。陆上丝绸之路的历史可以追溯到西汉时期。汉武帝派张骞出使西域，从都城长安出发，经今甘肃、新疆，再到中亚、西亚，因以丝绸作为贸易媒介，故得名"丝绸之路"。

　　"丝绸之路"之名，是德国地质学家李希霍芬于1877年在其著作《中国》一书中提出的。他将公元前114年至公元127年间，中国与中亚、中国与印度间以丝绸为贸易媒介的这条西域交通道路命名为"丝绸之路"。

　　说起陆上丝绸之路的开辟，就不得不提张骞。西汉年间，汉武帝派张骞出使西域，因此构筑了一条陆上丝绸之路。当时张骞去的西域地区指的是阳关和玉门关以西的地域，即今天的新疆，乃至更远的地方。张骞出使西域，并不是抱着贸易的目的，而是出于军事目的。

汉武帝时期，汉朝与匈奴之间战乱频发。有一次，汉武帝听说匈奴侵犯大月氏后，大月氏有报复匈奴之意，于是派张骞出使大月氏，想联合大月氏一起抗击匈奴。建元二年（前 139 年），张骞率领一百多人向西域进发。然而张骞还没有到达西域，就被匈奴俘获，扣押于匈奴多年。后来他趁看守松懈，逃到了大月

丝绸之路

氏。由于已经过去多年，此时的大月氏已经没有了与汉朝联合对抗匈奴的意愿，张骞只能返回汉朝。

张骞此次西行长达十余年，虽然未达到最初的目的，但滞留于西域这些年，让他对西域有了深入的了解。司马迁《史记》中写道："然张骞凿空，其后使往者皆称博望侯，以为质于外国，外国由此信之。"司马迁将张骞的这次壮举命名为"凿空"，意为开通大道。自张骞"凿空"后，陆上丝绸之路便正式形成。

　　汉代陆上丝绸之路自都城长安出发，经过河西走廊后便分为南、北两道。南道西出阳关，沿昆仑山北麓西行，经楼兰（今新疆若羌）、蒲犁（今新疆塔什库尔干塔吉克自治县）等地，至大月氏、安息。北道则是由玉门关出发，沿着天山山脉的南麓西行，途经车师前国（今新疆吐鲁番）、姑墨（今新疆阿克苏）、疏勒（今新疆喀什）等地，至康居、大宛。后来，北道延伸至了地中海沿岸的罗马帝国。

　　此后的各个朝代都是在汉朝开辟的这条道路的基础上进行开拓和经营的。正是有了丝绸之路，瓷器、丝绸、茶叶等极具特色的物产才能够走出国门，传播至西域各国以及中东和欧洲地区。除了物与物的交流外，国外的艺术、工艺、宗教也通过丝绸之路传播到中国。陆上丝绸之路的开辟，为东西方之间筑起了一座经济与文化交流的桥梁。

四、大唐驿道通全国

唐朝时期，驿道极为发达。柳宗元的《馆驿使壁记》中记载，唐朝以都城长安为中心，修建了七条驿道，通往全国各地。

唐朝时期，道路交通极为发达，通往全国各地。唐代最具代表性的道路就是驿道。唐代诗人岑参《初过陇山途中呈宇文判官》中写道："一驿过一驿，驿骑如星流。"可见唐朝的驿道数量繁多，并且通行速度很快。

唐朝的驿道以都城长安为中心，有七条较为重要的放射状驿道。第一条是由长安至西域的西北驿道，第二条是由长安到川藏一带的西南驿道，第三条是由长安到广州的岭南驿道，第四条是由长安至江苏、浙江、福建一带的驿道，第五条是由长安到北方草原地区的驿道，第六条是从长安至山东、东北一带的驿道，第七条是由长安至云贵地区的驿道。

驿道的用途很多，它既是国家公文书信、军事急报传递以及贡品运输的通道，也是接送官员、少数民族首领的通道，在平息内乱、追捕罪犯、押送犯人时还发挥着重要作用。

驿道之上设有驿站，驿道上发生的各类大小事宜都由驿站来处理。关于驿站的分布，《唐六典》中有记载："凡三十里一驿，天下凡一千六百三十有九所。"是说在交错纵横的驿道上，每隔三十里就会设置一个驿站。唐朝时期，我国的疆域极为辽阔，因此当时境内的驿站数量也创了新高，高达一千六百三十九所。

各个驿站中配备相应的管理人员——驿丁。驿站的等级不同，驿丁的配备数目也不同。唐朝都城所在的驿站名为都亭驿，配备驿丁二十五人。都城驿站之下的驿站可分为六等：一等驿站可配驿丁二十人，二等驿站可配驿丁十五人，以下根据等级依次递减，六等驿站只能配驿丁二至三人。

　　此外，驿站中还建有不同规格的驿舍，并配有驿马、驿驴和驿田等。陆上邮驿是通过马、驴、车等交通工具来实现的，因此关于邮驿行程也有相关规定：马每天走七十里，驴五十里，车三十里。如果遇到紧急的事情，则需要快马加鞭，驿马一天甚至能跑三百里。

　　唐朝驿道的发达推动了当时经济的繁荣发展，而且还为帝王的统治带来了很大便利。但如此发达的驿道在安史之乱后便逐渐没落了。唐宪宗时期，担任过泽潞节度吊祭使的李勃在回朝后，将沿途所见汇报给皇帝。他说："道途不修，驿马多死。"唐宪宗听后极为震惊，他很难相信，曾经人马往来络绎不绝的驿道，居然破败成如此模样。

　　唐武宗时期，由于政局混乱，邮驿制度也变得混乱不堪，肃州一带甚至爆发了历史上首次驿丁起义。至此时，驿道功能已经几近崩溃，难以再现往日的辉煌。

五、茶马古道

茶马古道主要分布在四川、云南以及贵州境内。这些区域多以种茶为生。因当地的贸易需要，便产生了这样一条商路。

茶马古道是一条用于运送茶叶和马匹的商道，分布在我国的西南和西北地区。茶马古道并不单单指一条道路，而是一个庞大、复杂的交通网络，其以川藏道、滇藏道与青藏道（甘青道）为主线，还辅以众多支线，地跨四川、云南、青海、西藏、贵州等，向外可达南亚、西亚、中亚以及东南亚各国。

茶马古道的干线主要分南、北两线。南线为滇藏道，以云南西部洱海一带产茶区为起点，经丽江、中甸、德钦、芒康、察雅至昌都，再由昌都通往卫藏地区。川藏道则以今四川雅安一带产茶区为起点，首先进入康定，自康定起，川藏道又分成南、北两条支线：北线是从康定向北，经道孚、炉霍、甘孜、德格、江达抵达昌都（今川藏公路的北线），再由昌都通往卫藏地区；南线则是从康定向南，经雅江、理塘、巴塘、芒康、左贡至昌都（今川藏公路的南线），再由昌都通向卫藏地区。

茶马古道起源于唐宋时期的茶马互市，是汉、藏之间一种以茶易马或以马换茶的贸易往来。随着这种贸易越来越频繁，茶马古道也就此诞生。

茶马古道作为一条贸易通道，产生的原因很简单，就是供给与需求问题。我国西藏地区人民以牛肉、羊肉、青稞为主食，这就导致过多的脂肪在体内不易被分解，而茶叶正好具有分解油脂的功效，所以藏民逐渐养成了喝酥油茶的习惯。

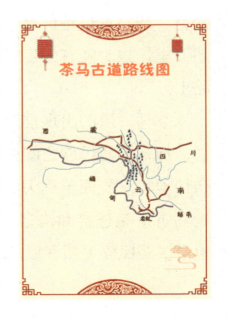

但西藏并不是我国的主要产茶区，藏族人民必须从四川、云南等地购进茶叶。而在四川、云南地区，无论是民间役使还是军队征战，都需要大量马匹，然而马匹在这些地区同样难以获得。这时双方的供求关系就建立了起来，西藏不产茶，但马匹很多；云南、四川一带盛产茶，但缺少战马。

于是一批批茶叶、一匹匹战马通过茶马古道去到了它们该去的地方。

茶马古道所经之地都是艰险崎岖的地方，根本无法通行车辆，只能由人牵着马，马驮着货，一步一步抵达目的地。单人行走在路上极其危险，慢慢地人们开始合伙赶路，最后就形成了马帮。

换句话说，茶马古道就是一条以人力和马力踏出来的商路。茶马古道是世界上里程最长的古代商路，总里程已超万里，很少能有人走完全程，但马帮一直行走在这条商路上。

茶马古道的出现推动了古代西南地区经济、文化的发展，加强了各民族之间的团结。直到今天，藏族同胞依旧亲切地将汉族同胞称为"甲米"，意思是产茶或贩茶的人。茶马古道是连接和沟通川、滇、藏文化的一条重要通路，也是汉藏民族关系和民族团结的象征和纽带。

六、海上丝绸之路的发展

海上丝绸之路是古代中国与世界其他地区进行贸易与文化交往的海上通道的总称，也有"海上香料之路"之称。其萌芽于商周，发展于春秋战国，形成于秦汉，兴盛于唐宋，是我国历史上最为古老的海上贸易之路。

李希霍芬在其著作《中国》中，除了首次使用"丝绸之路"，还在一张地图中提到了"海上丝绸之路"。其后法国汉学家沙畹在《西突厥史料》中具体提道："丝路有陆、海二道，北道出康居，南道为通印度诸港之海道。"由此有了"海上丝绸之路"这一称谓。东海航线和南海航线是海上丝绸之路的两条线路。我国古代的海外贸易主要以南海航线为中心。

南海航线也称"南海丝绸之路"。先秦时期，岭南一带的先民率先在南海至南太平洋沿岸区域内开辟了以陶瓷为纽带的贸易圈，这可以视为早期海上丝绸之路的雏形。

到了汉代，我国进一步扩大了与海外各国的经济、政治和文化的联系。据《汉书·地理志》记载，汉武帝派遣译使从徐闻（今广东徐闻境内）、合浦（今广西北海境内）、日南（今越南）起航，载运杂缯（各种丝绸）等物，到达都元国（今马来半岛）、邑卢没国、谌离国、夫甘都卢国（今缅甸）、黄支国（今印度半岛南部）、已程不国（今斯里兰卡）、皮宗（今马六甲海峡东头水域中的香蕉岛）等地。这是世界上第一条将太平洋和印度洋联通起来的远洋航线。

魏晋南北朝时期，我国的对外贸易涉及十五个国家和地区，不仅包括东南亚诸国，还到了印度和大秦。东晋时期广州成为海上丝绸之路的起点。

隋唐时期，我国的海外贸易之路范围扩大。隋朝统一后，加强了对南海的经营，南海、交趾成为隋朝著名的商业都会和外贸中心。

根据《新唐书·地理志》中的记载，唐朝时期，在中国的东南沿海有一条通往东南亚、印度洋北部、红海沿岸和波斯湾地区的海上航路，名为"广州通海夷道"。这便是我们今天所说的"海上丝绸之路"。

唐朝中期以前，海上丝绸之路并未受重视，对外贸易的通道依旧以陆上丝绸之路为主。安史之乱爆发后，唐朝忙于平定内乱，镇压藩镇割据势力，因此逐渐失去了对西域、中亚地区的控制。陆上丝绸之路受到影响，海上丝绸之路勃然兴起，成为中国对外交往的主要通道。当时从中国前往东南亚、马六甲海峡、印度洋等地的航路已纷纷开辟，造船、航海技术有了很大发展，也为海路取代陆路提供了重要条件。

至宋朝，造船和航海技术进一步提高，指南针也广泛应用于航海，这些都为海上丝绸之路的发展奠定了基础。宋朝在经济上采取的是重商主义政策，支持海外贸易的发展。在这一时期，与大宋建立贸易关系的国家已遍及亚、非、欧各大洲，海上丝绸之路的发展进入鼎盛阶段。

海上丝绸之路真正发展至顶峰是在明朝时期，郑和七下西洋开启了中国的大航海时代。郑和带领船队向西由江苏的刘家港出发，曾到达亚洲与非洲的三十九个国家及地区；向东由广州起航，经澳门出海，到达了菲律宾马尼拉港等地。郑和用携带的金银以

郑和下·西洋

及手工艺品交换了许多当地的珠宝、香料、苏木等名贵物品。诸如马铃薯、番麦（玉米）、番豆（花生）、菠萝等蔬菜瓜果也于这一时期通过海上丝绸之路传入中国。

到了清朝时期，闭关锁国政策的实施，对海上丝绸之路产生了一定的影响，但是这条海上商路却并未完全中断。当时广州成为海上丝绸之路唯一对外开放的贸易大港，所有的资源与财富都聚集于此地，形成了空前的全球性循环贸易。因此清朝的海上丝绸之路获得了比唐宋时期更大的发展。

直到鸦片战争后，列强的坚船利炮打破了清朝的国门，清政府的海权丧失，海上丝绸之路才彻底陷入了困境。

七、京杭大运河

京杭大运河开掘于春秋时期，完成于隋朝，繁荣于唐宋，取直于元代，疏通于明清，是一条极为重要的河道。

提到京杭大运河，我们自然地会将其与隋炀帝联系在一起。但其实早在春秋战国时期，各国为了实现征服他国的军事目的，就已经开始开凿运河。春秋时期，吴国君主夫差为了讨伐齐国，开掘了一条长一百七十公里的邗沟，这是京杭大运河最先被开凿的一段。

邗沟的开掘带来了邗城的繁荣，邗城就是后来的扬州。扬州素来以富庶、繁华著称，这与运河的开凿也是息息相关的。因运河的漕运之便，带来了大量的迁徙人口和商业贸易，扬州城一度富甲江南。

秦始皇统一六国后，也在嘉兴境内开凿了一条重要的河道。《越绝书》中记载："秦始皇造道陵南，可通陵道，到由拳塞，同起马塘，湛以为陂，治陵水道到钱唐、越地，通浙江。"秦始皇开凿的这条河道，基本上奠定了江南运河的走向。

隋王朝统一后，北方受战乱影响，经济发展一度停滞，而南方的经济却趁此机会获得了迅猛发展。为了加强对南方地区的控制和管理，将南北运河贯通势在必行。

隋炀帝即位后，迁都洛阳，于大业元年（605 年），下令开凿全长约一千千米的通济渠，沟通了淮河与黄河。此外，隋炀帝还下令改造了邗沟与江南运河。大业四年（608 年），隋朝又开凿了由洛阳至河北涿郡（今北京西南）的永济渠，全长同样约一千千米。自此，以洛阳为中心的运河系统基本形成。在隋炀帝的努力下，洛阳与杭州之间的河道可以直通船舶，为经济贸易的发展提供了极大的便利。

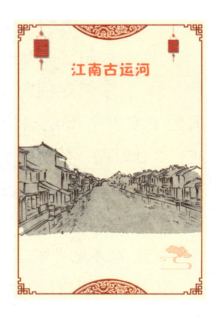

京杭大运河的基本框架自隋朝已经形成。元朝定都大都后，对运河也进行了改造，将隋朝以洛阳为中心的运河

改为以元大都为中心。元朝耗费十年的时间，先后开挖了济州河和会通河，将天津与江苏清江之间的河道和湖泊连接起来，并在北京与天津之间新修了通惠河。这样运河在隋朝的基础上又缩短了九百多千米。

明清两代对运河的修葺和改造也未曾停止。运河带来的漕运之便，不仅是稳定政权的必要条件，更是维护封建统治不可或缺的因素。

在各个朝代的共同努力下，京杭大运河成为世界第一大运河，被誉为"举世罕见的超级工程"。它也是世界上最古老的运河之一，与长城、坎儿井并称为"中国古代三项伟大工程"。

后来，随着清朝的灭亡，中国走进了近代社会，火车、飞机、汽车等交通工具层出不穷，京杭大运河的名字渐渐被人们淡忘。

2002 年，随着南水北调工程的建设，京杭大运河成为"三线"工程之一，这个响亮的名字才再次被人们慢慢记起。这条涓涓流淌了几千年的运河，再次成为新时代的奇迹。

八、官马大路——国家级官路

官马大路是清朝最高一级的道路，由都城北京向四面八方辐射，通往各个行省，为国家级官道，分为东、南、西、北等干线系统。

清朝时期，在紫禁城附近五六十米的东华门处，有这样一个特殊的驿站，名为"皇华驿"。"皇华"寄寓着封建君王对即将出使的大臣的美好祝愿，取自"皇皇者华，君遣使臣也。送之以礼乐，言远而有光华也"。

皇华驿作为全国的交通总枢纽，主要负责在中央和地方之间收发各种奏折与文书，素有"京门首驿"之称。直到 19 世纪末近代邮政的出现，皇华驿才渐渐退出历史舞台。

掌握政权后，清政府对前朝道路进行了整顿，形成了官马大路—大路—小路三级道路体系，使道路的功能更加强大。官马大路是清朝时期的国家级官道，是以皇华驿为中心，向东、南、西、北辐射的重要通道。

官马北路是通往东北的干线，即从北京出发，经由山海关、盛京（今沈阳）等城市，最远可抵达朝鲜半岛的通道。

官马西路基本覆盖了整个西部地区，主要包括兰州官路和四川官路两大干线。兰州官路由北京出发，经过保定、太原、西安、兰州等地，最远能到达中亚、西亚地区；四川官路则是由西安通往云南、贵州、四川等地，并向西延伸至西藏拉萨。

官马南路囊括了云南官路、桂林官路、广东官路。云南官路与桂林官路皆是从太原南下到洛阳，然后再到昆明或者桂林，并延伸至中南半岛；广东干线则是由北京出发，经由济南、徐州、合肥等城市，最远可达广州。值得一提的是，广州官路自元明以来一直是纵贯中国南北的主要官道，经常有外国使节于此路通行，因此有"使节路"之称。

官马东路只有一条干线，即福建官路，由北京出发，沿途会经过天津、济南、杭州、上海等经济繁荣的重要城市。这条道路可以说是清廷的经济之路。

官马大路之下还有大路和小路。大路是指由各省通往地方重要城市的道路，小路则是指自州、府通往县、镇的道路。

官马大路对于清朝的政治、经济乃至军事都极其重要。官马大路为康熙皇帝开疆拓土、平定叛乱提供了极大的便利。在平定"三藩之乱"时，清军由官马南路进攻云南昆明，最终剿灭了吴三桂的势力，平定了"三藩之乱"。

清代以皇华驿为中心构成的道路体系，其规模远超前朝。这个道路体系对维持清朝的统治，保证政令、军令畅通以及人员交往和信息交流，起到了至关重要的作用。

第三章

古代的
交通技术

一、从肩舆到八抬大轿

"肩舆"是轿子的别称。清朝年间，皇帝乘坐的轿子需要八人或十六人来抬行，高级官员的轿子也需要四至八人，"八抬大轿"就是由此得名的。

肩舆是我国古代特有的一种交通工具。"舆"字本义是车厢，肩舆指的就是扛在肩膀上的车厢。这个名称准确地表明了肩舆的特点。

肩舆在我国有四千多年的历史，最早可以追溯到夏王朝早期。《史记·夏本纪》中记载："予陆行乘车，水行乘舟，泥行乘橇，山行乘檋（jú），行山刊木。"这里提到的"檋"指的就是早期的肩舆。"檋"是人们过山时使用的乘具，扛在一前一后两个人的肩上，有点儿类似滑竿。

但至于肩舆的具体形制如何，仅靠文献记载还很难明晰。1978 年，考古学家在河南省固始县侯古堆发掘了一座春秋时期的墓葬，在其中发现了屋顶式和伞顶式两种形制的三乘木制肩舆。其中一件经复原后，很清楚地展现了肩舆的大致结构，它是由底座、边框、立柱、栏杆、顶盖轿杆和抬杠等几部分组成。从肩舆完备的结构来看，春秋战国时期制造肩舆的技术已经十分成熟。

在肩舆几千年的历史发展中，它曾被赋予了许多不同的别称。步辇就是肩舆的一种别称。"辇"本是一种木轮手推车，"步辇"就是将轮子去掉，改用人来抬行。《隋书·礼仪志》载："辇，制象辂车，而不施轮……用人荷之。"秦汉时期，步辇已经成为天子和妃嫔出行的交通工具。《史记·刘敬叔孙通列传》

唐代《步辇图》

中记载："于是皇帝辇出房，百官执职传警，引诸侯王以下至吏六百石，以次奉贺。"《史记·张耳陈余列传》记载："贯高篿（biān）舆前。"这里的"篿舆"就是肩舆。西汉时期，淮南王刘安在给汉武帝的上书中曾写道："入越地，舆轿而踰领。"这里的"舆轿"就是肩舆。这也是"轿"字首次见于史书。

到了魏晋南北朝时期，豪门贵族出门时也会乘肩舆。

《晋书·山涛传》载："帝尝讲武于宣武场，涛时有疾，诏乘步辇从。"《南齐书》记载："崇祖著白纱帽，肩舆上城。"

隋唐时期，肩舆盛行，因形制、用处等不同，名称众多，如兜笼、檐子、腰舆等。《资治通鉴》中记载唐太宗"尝乘腰舆，有三卫误拂御衣，其人惧，色变"。《新唐书·车服志》中记载，唐高宗时，妇女乘坐檐子已渐成风气，"永徽中，始用帷帽，施裙及颈，坐檐以代乘车"。檐子一般用棕、藤或竹篾编制而成，上面有顶，周围设障，置门帘、夹幔，以漆色、装饰等的不同来区别尊卑。

及至五代时，"轿子"一词出现。宋代王铚《默记》中记载宋太祖"自陈桥推戴入城，周恭帝即衣白襕，乘轿子出居天清寺"。宋代时，肩舆大兴。北宋时期，肩舆已经非常普遍。在北宋张择端的《清明上河图》中，我们可以看到熙熙攘攘的汴京城中有不少两人抬的肩舆。此时，肩舆的形制也有了重大变革，出现了用两杆绑扎椅子而成的新型肩舆。这种新型肩舆制作简单，轻便实用，满足了人们日益增长的乘坐肩舆的需求，成为北宋以后日常代步的主要肩舆类型。

花檐子，也叫"花担子"，就是花轿，是娶妇迎亲时所用之物。孟元老《东京梦华录·娶妇》中记载："至迎娶日，儿家以车子或花檐子发迎客，引至女家门，女家管待迎客，与之彩段，作乐催妆上车檐。"南宋吴自牧《梦粱录·嫁娶》中记载："至迎亲日……引迎花檐子或棕檐子藤轿，前往女家，迎取新人。"北宋时期迎娶还有车子，到了南宋时期，就很少见了。这是因为南宋时期的车马多用于战争中，出行用的马匹数量减少，而且当时的统治中心从中原地带转移到南方多山地带，肩舆更适合南方崎岖的山道，慢慢地就成了官方和民间出行必备的交通工具。

南宋时期，肩舆的种类也很多，除了传统的屋形亭式，还有从北宋的椅式肩舆演变成的三板轿，以及竹制滑竿等，奠定了后世肩舆的基本类型。

前文提到，汉代时就有了"舆轿"之称，但专门将肩舆称作"轿子"，则源于宋代。《宋史·舆服志》中记载："中兴东征西伐，以道路阻险，诏许百官乘轿，王公以下通乘之。其制：正方，饰有黄、黑二等，凸盖无梁，以簟席为障，左右设牖，前施帘，舁（yú）以长竿二，名曰竹轿子，亦曰竹舆。"这一时期的肩舆已被称为"轿子"。

元代多骑马、乘车，轿子方面并没有太大的变化。及至明清两代，承袭唐宋旧制，但为显尊卑，统治者对轿子的形制和使用范围有了较之前更加严格的规定。明代早期只允许三品以上文官乘坐四抬轿子，到了晚期，放松到四品文官。武官和四品以下文官只能骑马，不能坐轿。

清代时，文官均可乘轿，依据乘轿人的身份尊贵程度不同，抬轿子的人数也不同，一般为二至八人。比如，三品以上的京官出京城需要八人抬，外省督抚乘轿也需要八人抬，三品以上的钦差大臣同样需要八人抬。可见，八抬大轿是高级官员才能乘坐的。

另外，清代对轿子的形制和颜色的限制有所放松，嫁娶时可用八抬大轿，也可装饰红、绿颜色。权贵及富裕人家在娶亲时，为了表示重视，夫家多以八抬大轿来迎娶新娘。

从肩舆到八抬大轿，轿子的种类、形制、装饰历经千年，几经变化，为我们展现和记录了其独有的交通文化，也对推动古代交通发展作出了重要贡献。

二、车辆制造技术的发展

中国是世界上最早使用车的国家之一。相传在四千多年前，黄帝与蚩尤的大战中，就已经出现了车这种交通工具。《左传》《墨子》《荀子》中都记载了"奚仲造车"的故事。可见，车在我国由来已久。

车是我国古代重要的交通工具，也是古代战争中必不可少的装备。关于车的历史，最早可以追溯到原始社会时期。班固《汉书·地理志》记载："昔在黄帝作舟车，以济不通，旁行天下。"

至先秦时期，车的种类逐渐多样化。此时的车分为大车和小车。驾牛、车厢大的称为"大车"，驾马、车厢小的称为"小车"。小车除用于贵族出行外，还多用于战争；大车则只作为运送大型物件的运输工具。春秋战国时期，战争频繁，车战极为盛行，因此各国拥有的战车数量成为区分国家强弱的标志。

秦始皇统一六国后，开始实行"车同轨"，即全国车辙宽窄一致。这对于车辆的制造技术和工艺都提出了更高的要求。秦始皇陵兵马俑坑中就出土了很多战车、辇车的实物。可见，车在秦朝时期已经是一种常见的交通工具了。

到了汉朝，双辕车有了很大的发展，车的种类也日益增多。汉朝最高等级的马车就是皇帝乘坐的辂车和金根车。当时的官吏多乘坐轺车，贵族女子则乘坐辎车。

东汉末年还出现了独轮车，它被视作我国交通史上一项较为重要的发明。诸葛亮北伐时，蒲元创造出一种名为"木牛"的车，为军队运送粮草。这个"木牛"就属于独轮车。

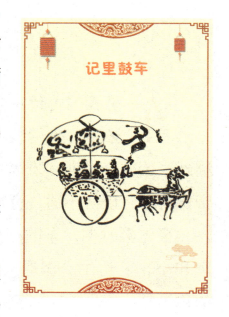

记里鼓车

此外，东汉杰出的科学家张衡发明了一种名为"记里鼓车"的交通工具。这是一种利用减速齿轮系统带动车上小木人报告行进里程的车辆。每当车行驶一里或十里时，小木人就会自动击鼓，便于记录自己行走的里程。这和如今出租车的"打表计费"功能十分相似。

相传在上古黄帝大战蚩尤之时，就曾用指南车来指示方向。但很多人都认为指南车只是神话传说，并不存在。但三国人马钧却坚信古时一定有指南车，只不过现在失传了而已。于是他排除万难，经过不断摸索和试错，最终研制出了指南车。与张衡的记里鼓车一样，指南车也是由车身和一个小木人组成的。无论车子朝哪个方向行走，小木人的手都会指向南方。记里鼓车与指南车都是我国古代车辆制造的重要成就。

南北朝时期，我国出现了由十二头牛牵引的大型车辆以及磨车。唐朝和五代时期还出现了三轮车。宋朝以后，坐轿子的风气日益盛行，车辆的制造和改进技术一度停滞不前，车辆的用途也逐渐由载人转向载物。明清时期，车辆有了新的发展，陆续出现了很多新的车辆，其中最具代表性的就是轿车与铁甲车。"轿车"，就是轿子与马车的结合体，由马和骡来牵引。铁甲车则初具现代汽车的形制，有四个轮子，车身包以铁叶，是一种战车。

清朝末年，随着西方列强的入侵，汽车传入我国。自此，我国逐渐告别了以人力和畜力作为车辆动力的历史阶段。

三、造船技术的兴与衰

中国的造船史同样悠久。古籍《物原·器原》中记载："燧人氏以匏济水，伏羲氏始乘桴。"由此可见，早在远古时代，燧人氏便借助葫芦漂浮过河，伏羲氏则是"乘桴"渡河，这里的"桴"正是早期船的雏形。

中国是一个有着漫长海岸线的国家，内陆河湖众多，水系纵横。这些都为船的出现与发展提供了必要条件。

早在旧石器时代，远古先民就和河流、湖泊乃至海洋有了接触。他们当时使用的渡水工具主要有葫芦、皮囊、筏子等。这些简易的渡水工具还不能被称作"船"，只能算是船的雏形。直到独木舟出现，船才正式作为交通工具登上了历史舞台。

我国最早的独木舟可以追溯到八千年前的新石器时

代。2002 年，考古学家在浙江省萧山县（今浙江省杭州市萧山区）的一座新石器时代遗址中发现一条独木舟的遗骸。这是我国迄今为止发现的最早的独木舟。

随着时代的发展，人们造船的技术日益提高。夏商周时期出现了新型船只——木板船。到了春秋战国时期，各个诸侯国之间频繁的战争，促进了造船技术的发展，楼船成为水军的一种主力战舰，辅助船只航行的帆、舵、桨也相继出现。楼船的出现，是我国造船技术取得较大发展的重要标志。

进入封建社会后，我国造船技术的发展曾历经三个辉煌的历史时期，分别是秦汉、唐宋以及明朝前期。

秦汉时期是我国造船业的首个高峰。由于海上丝绸之路和对外征战的需要，对于船舶的需求与日俱增，这在一定程度上促进了造船业的发展。汉朝时期甚至出现了体量很大的楼船。《史记·平准书》中记载武帝"大修昆明池，列观环之。治楼船，高十余丈，旗帜加其上，甚壮。"楼船是汉代的代表性船舰，通常

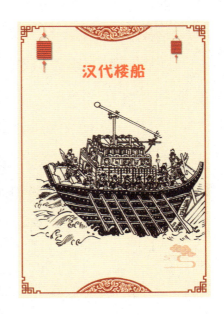

汉代楼船

高十余丈，在甲板上建有高高的楼层，每层都有用于防御敌人的矮墙。

唐宋时期是我国造船技术发展的另一顶峰。作为我国历史上最为开放的两个朝代，唐朝与宋朝的对外贸易和文化交流都非常频繁，这也为我国造船技术的发展提供了源源不断的动力。

为了满足海外贸易的需要，唐朝统治者先后在扬州、浙东、洪州、嘉兴等地建设船厂，用于制造各类船只。唐代船只类型多样，河船与海船不同，漕运船、海军战船也分为多种类型，如战船、漕船、游船、商船、货船、客船等。根据杜佑的《通典·兵十三·水平及水战具附》记载，唐朝的军用舰船主要有六种类型，分别是楼船、艨艟、斗舰、走舸、游艇和海鹘，随船装备也极为先进。

我国古代的造船技术至两宋时期又有了新的发展。模型造船技术的开创，是古代造船技术的一大进步。当时的工匠为了更好地把握船的性能和用途，都会先制造出船的模型，然后再根据模型和图纸进行实物的加工。此外，宋代的船上普遍应用了水密舱壁技术，即在船舱之间用舱板隔开，形成一个又一个封闭的舱区，最大限度保持船的安全性和稳定性。据文献记载，固定船只的铁锚到宋代才出现。《癸辛杂识》记载，在宋代"其铁猫，大者数百斤。

尝有舟遇风下破，而风甚，铁猫四爪皆折"。中国古籍中常将"锚"写作"猫"。

明朝永乐年间，海禁政策日益放开。郑和率领由多艘具有世界领先水平的船只组成的船队，七次下西洋。当时的造船厂遍布全国各地，造船业极为发达，造船技术也极为先进。当时所造海船体积非常大。《明史·郑和传》记载："宝船六十三号，大者长四十四丈四尺，阔一十八丈。"这种巨型海船在当时的世界上是首屈一指的。这一时期也是我国造船技术发展的第三次高峰。

中国自船只诞生以来，造船业蓬勃发展。然而自明清时期开始实行海禁政策，造船业便不可避免地走向衰落，造船技术也难以再现往日辉煌。

四、古人的飞天尝试

现如今，载人飞船搭乘火箭升空已经不再是稀奇的事，但在科技并不发达的古代，"飞天"却极为困难。古人也有飞天梦想，他们曾经为了"上天一游"进行了许许多多的尝试。虽成功者寥寥，但古人的飞天尝试却从未中断。

从远古时期开始，人们心中就一直有飞天梦想，并因此创造了许多能够在空中飞行的神话人物，嫦娥就是其中的典型代表。传说嫦娥吃下了西王母所赐的不死之药，升天成仙。在嫦娥奔月之外，还有周穆王访西王母乘坐"黄金碧玉之车"腾云驾雾的传说。远古先民的飞天梦想在这些神话传说中展露无遗。

除了这些虚构的神话传说，古人在现实生活中也做了不少飞天尝试。《汉书·王莽传》中记载："莽辄试之，取大鸟翮为两翼，头与身皆著毛，通引环纽，飞数百步堕。"

据说在西汉末年，王莽为讨伐匈奴，招募各地的能人异士。这时有一个声称"会飞"的能人找了过来。王莽心想："如果此人真能飞天，那匈奴的一切就能尽收眼底，这场仗必胜。"于是便立刻命此人试飞。这位"飞人"将大鸟的羽毛绑在身上，尝试飞行，谁知仅飞了几百米便失败了。此人虽然失败了，但这次试飞却是航空史上最早的人类飞行试验。

南北朝时期，北齐文宣帝高洋曾用囚犯进行飞行试验取乐。《资治通鉴》中有这样的记载："使元黄头与诸囚自金凤台各乘纸鸱以飞，黄头独能至紫陌乃堕，仍付御史中丞毕义云饿杀之。"是说文宣帝命囚犯从高台上乘着风筝而下，好多人都因此摔死。但一个名叫元黄头的人却幸免于难。他乘着风筝从高台跳下，顺风飞行，最后安全着陆。这可以说是我国风筝载人飞行最早的一次成功记录。

明朝时期，一个名叫万户的人耗时多年创造出了古代第一架"载人飞船"。这架"载人飞船"的船身是一把椅子，万户在椅子后面绑了四十七支火箭，想要借助火箭上升的力量，实现"飞天"的愿望。难能可贵的是，万户还考虑到了着陆的问题。他在飞天时携带了两个大风筝，方便降落。试飞那天，他毫不犹豫地让仆人点燃了火箭。随着火箭的点燃，万户一飞冲天，可是不承想火箭在空中发生了爆炸，万户也为飞天尝试献出了生命。

我们不得不佩服古人的智慧，在那个时代居然产生了借助火箭升空后，再利用风筝滑翔降落的想法。这实在是超今冠古的尝试。

如今，令古人心心念念的飞天梦想早已成真，我们不仅可以乘坐宇宙飞船遨游太空，甚至可以实现太空行走。我国的航天事业能有今天的成就，也应该感谢那些自千年前就做着飞天梦的古人。他们的那些飞天梦想，以及勇敢无畏的飞天尝试，为中华民族航天事业的发展提供了重要的精神支持。

五、《郑和航海图》中的"牵星术"

牵星术，也称"过洋牵星术"，是一种利用星辰进行导航的航海技术。明朝的郑和在每一次远洋途中都会使用牵星术来帮助自己辨别方向。

古人很早就开始利用星辰来进行导航了。《夏小正》中就频繁地出现"斗"字，这说明当时人们已经知晓利用北斗星来辨别方位。《淮南子·齐俗训》中记载："夫乘舟而惑者，不知东西，见斗极则寤矣。"可见，西汉时期人们就已通过观星来辨别方位。牵星术就是利用天文状况来进行定位的一种导航技术。

"牵星术"，就是通过牵星板来测量方位星的高度位置，并计算船舶与陆地距离远近和方向的一种方法。关于"牵星板"，明代李诩《戒庵老人漫笔》中曾有过记载："苏州马怀德牵星板一副，十二片，乌木为之，自小渐大。大者长七寸余，标为一指、二指以至十二指，俱有细刻，若分寸然。又有象牙一块，长二寸，四角皆缺，上有半指、半角、一角、三角等字，颠倒相向，盖周髀算尺也。"

在我国，人们很早就已经开始了对海洋的探索。在茫茫大海上航行，水天一色，雾气弥漫，最难的就是辨别方向，因此想要安全地漂洋过海，就必须解决导航问题。

牵星板

于是聪明的古人便发明了牵星术，并将其应用到远洋航行中。我国历史上最为著名的航海活动莫过于郑和下西洋。郑和下西洋时所用的《郑和航海图》，原名《自宝船厂开船从龙江关出水直抵外国诸番图》，明代茅元仪将其编入《武备志》中，使得这份记载了航海技术与航海地图的文献得以保存。这也是世界上现存最早的航海图集，是研究中国航海史以及中西交通史的重要资料。

《郑和航海图》中也有关于牵星术的记载："国南巫里洋忽鲁谟斯，牵星高低为准。"由此可见，此时牵星术已经广泛应用于我国的航海活动之中。值得一提的是，《郑和航海图》中还包括四幅通过星辰定位和高度来确定航海方位的"过洋牵星图"。这四幅图是郑和船队横渡北印度洋时的航海图。

《郑和航海图》对于如何使用牵星板来进行导航也有过记述。从其记载来看，观测者在观看星辰时，通常要左手持牵星板一端的中心，将牵星板与海平面垂直，并且使板的下缘与海平面重合，上缘则要正对需观测的星辰，这样就可以测量出星辰距离海平面的高度，并以此来推测船舶与陆地的距离。

天上有数不清的星辰，那在观测的时候究竟应该选择哪些呢？关于这个问题，《郑和航海图》也给出了答案：古人通常会观察北斗七星、南十字星、天琴星、水平星、织女星等星座，想要在天空中找到这些星星，并不算难事。

清朝末年，由于西方列强的入侵，我国的航海事业遭遇重创。虽然我国航海事业一度停滞，但航海天文技术却并未失传，牵星术被完好地传承了下来。

六、司南和指南针

司南、指南针的发明，都是为了定位和辨别方向。它们的原理是基于地球的地磁场和磁性材料的特性，地球为一个巨大的磁场，南、北两极为磁极，就可以依据磁针的指向来辨别方向。

指南针、造纸术、活字印刷和火药，是中国古代的四大发明。指南针又名"指北针"，其前身是司南。根据《古矿录》中的记载可知，司南最早出现于战国时期的磁山一带。磁山位于今河北省邯郸市武安市，被认为是我国古代四大发明之一指南针的发源地。

"司南"这一名称始于战国时期，最早出现在《鬼谷子》："故郑人之取玉也，必载司南之车，为其不惑也。"这是说郑人在采玉时，只要带上司南，就可以避免迷失方向。

司南的形制较为特别，是用磁石雕琢成一个勺状的东西，放置在一个光滑的铜方盘上，盘上刻着方位，勺形磁石的柄部依据磁极作用会一直指向南方，以此便可以辨别方向。《论衡·是应》中也有关于司南形制的记载："司南之杓，投之于地，其柢指南。"这里的"杓"指的就是勺子，是用天然磁石制成的。这句话的大概意思是，将司南勺放置在地盘上，勺柄就能指向南方，形象地描绘了司南的形制。由于司南状似勺子，因此也有"磁勺"之称。

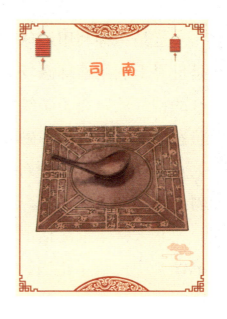

　　后来，人们逐渐发现用磁石制造司南，不仅费工费时，而且如果采用的磁石原料不精细，其指向就不够精准。因此，人们迫切需要一种更便捷、指向更精准的工具。到了宋代，人们发现了多种人工磁化的方法，各种形式的指南针应运而生。

　　北宋曾公亮《武经总要》中首次详细记载了指南鱼的制作方法。书中写道："鱼法，用薄铁叶剪裁，长二寸，阔五分，首尾锐如鱼形，置炭火中烧之，候通赤。以铁钤钤鱼首出火，以尾正对子位，蘸水盆中，没尾数分则止，以密器收之。用时，置水碗于无风处，平放鱼在水面，令浮，其首常南向午也。"

这是一种利用地球磁场的作用使铁片磁化的方法，也是世界上利用地球磁场进行人工磁化的最早的记载。把烧红的铁片放置在子午线的方向上，可使铁鱼内部处于活动状态的磁畴顺着地球磁场方向排列，达到磁化的目的。蘸入水中，可把这种排列较快地固定下来。而鱼尾略向下倾斜，可增大磁化程度。

北宋科学家沈括也对指南针进行了研究。他在《梦溪笔谈》中记录了指南针的制作方法："方家以磁石磨针锋，则能指南，然常微偏东，不全南也。水浮多荡摇。指爪及碗唇上皆可为之，运转尤速，但坚滑易坠，不若缕悬为最善。其法取新纩中独茧缕，以芥子许蜡，缀于针腰，无风处悬之，则针常指南。"沈括在这段论述中指出了地球是存在磁偏角的，因此磁针经常"能指南，然常微偏东"。这一发现比英国人罗伯特·诺曼发现磁偏角现象早了四百多年。

关于指南针应用于航海最早的记录见于北宋朱彧的《萍洲可谈》。其中说道："舟师识地理，夜则观星，昼则观日，阴晦则观指南针，或以十丈绳钩取海底泥嗅之，便知所至。"《萍洲可谈》写于北宋宣和年间，是朱彧的父亲在广州担任知州时，他随父亲在广州时的所见所闻。

　　指南针的发明，不禁令我们再次叹服于古人的智慧。他们从未系统地学习过物理理论，但却凭借对问题的研究与探索，创造出一个又一个伟大的发明。指南针的出现与发展，为人类的地理和航海事业作出了巨大的贡献，也对东西方文化的交融产生了重要影响。

七、舆图——不一样的古代地图

"舆图"在古代指的是地图。古时舆与地同义,《周易·说卦传》中云:"坤为地、为母……为大舆。"因此依据山川地貌绘制而成的图,就被称为"舆图"。

中国幅员辽阔,我们虽不能走遍全国各地,但却能通过地图窥见国家的全貌。其实古时候也有地图,只不过当时的地图被称为"舆图"。

早在西汉时期,我国就已经有绘本地图了。1973年12月,湖南长沙的马王堆三号汉墓中出土了三幅地图,其中包括一幅地形图和一幅驻军图。地形图画在长、宽各九十六厘米的绢上,山脉、河流、道路、居民点都有其各自的标记图例。驻军图上除了山脉、河流等图例外,还用红、黑方框或三角形符号来标记驻军的位置。

古代没有现代发达的科学技术,不能通过遥感技术来测绘地图。那古人究竟是如何绘制地图的呢？原来古人在绘制地图时，要乘车或骑马前往待探索的区域，凭借简单的定向设备确定位置，再将所见的地理信息绘制成图。由此可见，古人绘制地图属实不易。

　　舆图的发展大致经历了三个阶段，分别是原始地图、传统地图和实测地图。原始地图指的是人类诞生之初所绘制的简陋地图，此时的舆图中还充斥着神话传说因素。著名的原始地图莫过于大禹时期的《九鼎图》。后来，西晋的裴秀提出了制图学理论——"制图六体"，舆图的发展得以进入传统制图阶段。万历年间，西方传教士利玛窦等人访华，带来了地图投影以及经纬测量的新方法，舆图也因此得到了新的发展。清代时曾在全国范围内组织了大规模的经纬度测量和三角测量，以求绘制出最精准的地图。

　　无论在古代还是现代，地图对国家而言都至关重要。关于这一点，司马迁《资治通鉴》中有所记载："沛公西入咸阳，诸将皆争走金帛财物之府分之；萧何独先入收秦丞相府图籍藏之，以此沛公得具知天下厄塞、户口多少、强弱之处。"刘邦进入咸阳之后，萧何率先拿到秦朝的舆图，便于掌握秦朝的基本概况。

古代的舆图用途颇多，不仅可以用来展现山川疆域和行政区划，也可以作为管理户籍人口、征税、执法的依据，还可以用于分配科举取士名额，以及作为官员升黜的凭据。一张小小的舆图用处却不少，难怪如此受统治者的重视。

第四章

古代的
邮驿制度

一、古代邮驿制度的起源与发展

邮驿制度早在商朝时期就已经产生，周朝时得到进一步完善。此后，邮驿制度成为各个朝代必不可少的一项制度，直到清朝中叶才逐渐衰落，被邮政所取代。

我国关于通信最早的记载，出自殷墟出土的甲骨。殷商盘庚在位期间的甲骨卜辞中有"来鼓"二字的记载。经学者考证，"来鼓"类似于今天的侦察通信兵，据此可知，邮驿制度在当时就已经产生了。

商朝时期，邮驿传递就已经分为车传和马传两种形式：乘车传递被称作"驲"或"传"，乘马传递被称作"递"或"驿"。西周时期还设置了专门负责邮驿的官员"行夫"。

秦汉时期，邮驿制度日益完善。秦朝统一后，统一了邮驿叫法，将"遽""驲""置"等不同叫法统称为"邮"。

此后，"邮"就成为通信系统的专有名词。秦朝时期，"邮"主要负责公文、书信的长途输送任务，近距离的则用步传投递。汉代的通信方式主要有邮和驿两种。但汉代的邮与秦朝相比大不相同，其含义已缩小为步传投递。驿指以骑马为主的传信方式。汉初时将邮传设施改为置，后来又改为驿。虽然文献记载中汉武帝时期就已经出现了驿，但直到西汉末东汉初驿才被广泛应用，而且汉代传递文书时，会将所有文书分成等级，然后由专人专马按规定时间传递。

魏晋时期诞生了我国历史上第一部邮驿法规——《邮驿令》。此时的传、邮、驿渐渐合一，为隋唐时期的邮驿体系奠定了基础。隋朝统一后，伴随着大运河的贯通，水路运输的优势日益显现出来，水驿与陆驿开始分庭抗礼，交通也变得更加便捷。

唐代是我国邮驿发展的巅峰时期，邮驿业务几乎遍布全国。唐代的邮驿分为陆驿、水驿、水陆兼办三种。唐玄宗时，全国驿站高达一千六百多个，从事邮驿工作的有近两万人。从这些数字也能看出唐代邮驿之兴盛。唐朝时期，全国的驿站统一归兵部管理，由兵部驾部郎中负责相关事宜。此时的邮驿速度已经非常快了。

关于宋代的邮驿制度，沈括《梦溪笔谈》中曾提到过："驿传旧有三等，曰步递、马递、急脚递。急脚递最遽，日行四百里，唯军兴则用之。"是说宋朝的邮驿制度分为步递、马递和急脚递三种，其中以急脚递速度最快。

此外，北宋熙宁年间又设置了速度更快的"金字牌"。沈括的《梦溪笔谈》中记载："熙宁中，又有金字牌急脚递，如古之羽檄也。以木牌朱漆黄金字，光明眩目，过如飞电，望之者无不避路，日行五百余里。""金字牌"就是专门用于递发御前急件的木牌，有"十万火急"之意，以朱漆上色，上刻金字。接到此牌者，须日行五百里，去面见圣上。岳飞就曾在前线接到了宋高宗的金字牌，被紧急召回临安。

元朝时期的邮驿被称为"站赤"。为了加强对地方的控制，元朝统治者扩大了驿路范围，增加了许多驿站。明朝在元朝邮驿制度的基础上建立了递运所，专门负责运输军需品和贡品。

清朝时期是邮驿发展的另一个高峰，建立了完善的邮驿体系，分为驿、站、塘、台、所、铺，速度可达一天六百千米。但清朝中后期，随着政治的腐败，邮驿也逐渐走向末路。至咸丰年间，冯桂芬建立了邮政局。1913 年，北洋政府宣布撤销全国驿站。至此，传承了数千年的邮驿制度退出了历史舞台。

二、古代驿站的基本功能

驿站是古代传递官府文书之人更换马匹和休息的处所，也是一个集信息传递、物流运输、军事防御和官员接待为一体的综合性机构。

驿站是封建社会统治者维系统治的重要工具。"驿"字的本义是马匹，如果没有马，驿站的诸多功能便会受到限制。

驿站是官府传递公文和军事情报的中转站，有着传递信息的基本功能。特别是在战争时期，驿站传递信息的功能尤为重要，一旦需要传递紧急军情，沿途的驿站都要运作起来，以最快的速度将消息送到。

此外，驿站也是驿人和来访官员休息、换马的住所，具有休息功能。古代的交通工具远不如今天发达，因此如果是远距离运输，就需要各个驿站接力运送。要知道，一个人不可能一直骑马跑下去，当他们跑累了，就可以到沿途的驿站中落脚休息。

驿站中备有饭菜和好马，便于驿人换马赶路。如果不是急件或急事，他们还可以在驿站中休息一晚，第二天再继续赶路。

驿站本身还具有一定的军事功能，承担着防御、稳定地方的责任。特别是设立在边陲地区的驿站，每一个驿站中都设有驿卒。这些驿卒大多是经过军事训练的，如果遇到战争，可以很快投入战斗。

但需要注意的是，这些驿站只为官员服务，普通人是没有办法进入驿站的。那么普通人出远门只能住在野外吗？其实大可不必担心，在纵横交错的道路上，除了官家的驿站外，还有许多供平民居住的客舍。

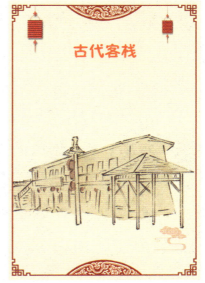

这种供平民居住的客舍，也被称为"客栈"。早在战国时期，就已经出现私人旅店了，《周礼·地官·遗人》中记载："凡国野之道，十里有庐，庐有饮食；三十里有宿，宿有路室，路室有委；五十里有市，市有候馆，候馆有积。"这里提到的

"庐""路室""候馆"皆是方便旅客休息的处所。

最初的客栈，建筑面积不大，设施比较简单，厅堂里摆几张吃饭的几案、桌椅，旅客住的房间也只是在床榻上铺一些稻草，条件极为简陋。随着时代的发展，客栈的规模越来越大，特别是唐宋时期，私人客舍的发展更是极为兴盛。

不管是驿站还是客栈，在我国古代交通运输中都发挥着不可替代的作用。其不仅担负着政治、经济、文化等方面的信息传递任务，也发挥着军事、休息等多方面的功能，对国家的发展有着积极的作用。

三、古代驿传的方式

古代在传递信息时，使用的方式是多种多样的，诸如步递、畜力传递，以及使用车、船等交通工具来进行传递，可以满足各种信息传递情境的需要。

古代驿传方式五花八门，步递是其中之一。从诸多考古资料来看，古时很多邮书都是通过步行来传递的。

此外，以畜力进行驿传也是古代常用的方式，常用的牲畜有马、牛、驴、骡和骆驼等，其中应用最多的莫过于驿马。

驿马多用于军事、邮驿和运输，有着效率高、速度快的优势，特别是在传递紧急公文时，驿马能日行几百里。如果驿传的距离很远，单靠一匹马必然是跑不到终点的，这时驿站就发挥作用了，每到一个驿站就换人换马，如此传递下去，直到到达终点为止。

驿马可以快到什么程度呢？我们可以通过一个例子来看。唐玄宗天宝十四年（755年），安禄山在范阳（今北京西南）起兵谋反，当时唐玄宗位于临潼华清池，这两地距离三千里，但是唐玄宗第七日就收到了这个消息，可见传递速度之快。

除了驿马外，牛也在驿传中扮演着重要的角色。《后汉书·礼仪志下》中记载："常车驿牛。"《元史·英宗纪一》中也有"岭北驿牛马"的说法。可见古时候牛也应用于边塞的驿传之中。

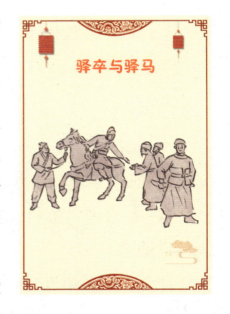

牛、马都应用在了驿传中，驴自然也可以。东汉时期，边境地区的军事物资偶尔也会使用驴来进行邮驿。由于驴不如马负重大，而且速度也不如马快，所以通常只用它来运送货物。

东汉建武十二年（36年），名将杜茂就曾因"镇守北边"而"亦建屯田，驴车转运"。《通典》中记载："东至宋汴，西至岐州，夹路列店肆待客，酒馔丰溢。每店皆有驴赁客乘，倏忽数十里，谓之'驿驴'。"由此可见，驿驴一直是古代驿传常用的一种畜力。此外，唐宋时期的一些文人还以驴作为出行的交通工具。例如杜甫曾在《奉赠韦左丞丈二十二韵》中写道："骑驴三十载，旅食京华春。"陆游也曾在《剑门道中遇微雨》中写道："衣上征尘杂酒痕，远游无处不消魂。此身合是诗人未？细雨骑驴入剑门。"

古人还使用骆驼来进行驿传。《木兰辞》中写道："愿借明驼千里足，送儿还故乡。"这表明骆驼也是一种为驿传服务的重要交通工具。

最令人意想不到的是，在古代，狗居然也被用于驿传。《元史·兵志四》中记载辽阳一带有"狗站一十五处，元设站户三百，狗三千只，后除绝亡倒死外，实在站户二百八十九，狗二百一十八只"。这里指出元朝在一些常年积雪的高寒地区设置"狗站"，来完成驿传任务。

除畜力外，驿传有时也依靠车辆和船舶来完成。车辆邮驿一般用于运送货物或者运送客人。以车作为主要的传递方式，名为"传车"。使用车辆驿传具有效率高、舒适度高的优点，这也使得驿车在古代交通运输中具有不可替代的作用。

魏晋南北朝以来，水驿得到了显著发展。尤其是在隋唐之后，随着造船工艺的进步，以及大运河的贯通，水驿的优势逐渐显露了出来，并成为陆驿重要的补充形式。《唐六典》中记载，在唐朝的驿站系统中，设有两百六十所水驿、八十六所水陆相兼的驿站。至元代，设置水驿四百二十四处，水驿数量再创新高。

不管是步递、畜力传递，还是车递、船递，都为当时的军事、文化和经济的交流提供了坚实保障，促进了中国古代交通的发展。

四、古代驿站的选址与形制

古代驿站是邮驿制度的重要组成和基本支撑，是确保人员、信息、物资有效传送的基础，是国家统治的重要基础设施。古代驿站的选址与形制在历代皆有不同，每个朝代似乎都有一套独特的选址标准。

驿站主要分为陆驿和水驿。关于它们的选址，各朝都有自己的一套标准。陆驿的选址主要是根据距离来定。秦汉时期，负责邮驿工作的机构是"传"和"亭"，通常是三十里设一传、十里设一亭。到了唐朝时期，改称"驿"，每三十里设一驿。宋朝年间变化较大，宋初每隔二十五里设置一递铺，元祐初改为十五里一递，山路十里一递，地势平坦地区则十里、二十里置一铺。明代每十里设置一处急递铺，这种递铺一般都建在有驻军的交通线附近。

隋朝时期大运河的贯通，使得水运日益兴旺发达，水上驿站也随之设立。明朝《士商类要》中的《水驿捷要歌》中有关于水驿数量的记载："试问南京至北京，水程经过几州城。皇华四十有六处，途远三千三百零。"由此可知，明朝时期南京至北京段的大运河沿岸共设有四十六处水驿。

那关于水驿的选址究竟有怎样的要求呢？首先，水驿要选在紧临大运河的位置，并且多位于重要的水路交通要塞。例如，设立在江苏高邮的盂城驿就坐落于高邮南城门外，西距大运河不过几十米，地处水路交通要塞。

其次，水驿要选在城外或者城门的附近。驿站作为特殊的政府机构，各路人员来往时间不确定，工作时间不分昼夜，但城门是要昼开夜闭的，水驿设于城内，并不利于城池的防御。也就是说，水驿的选址不能影响城内的安全。

最后，水驿多选在风景名胜集中的地区。来往于大运河上的大多是达官显贵，地位显赫，因此驿站的选址要与周边景物相结合，更好地起到"门户"的作用。同样以盂城驿为例，盂城驿的周围可谓繁华之至，驿站以西有"邗沟烟柳"和"西湖雪浪"，以南是华严寺、福海庵、山川坛，以东是"柳荫禅林"、净土寺，以北有逵楼和镇国寺。盂城驿所处的地带，可以说是高邮地区自然与人文景观的中心。

关于驿站的形制，我们可以从《马可·波罗游记》中窥见一二。马可·波罗曾在元朝时期游历中国，回国之后写成了《马可·波罗游记》一书。马可·波罗在他的游记中以艳羡的笔调描写驿站中的房间："这些建筑物宏伟壮丽，有陈设华丽的房间，挂着绸缎的窗帘和门帘，供达官贵人使用。"

可见，驿站中房间是必不可少的配置。驿馆大多是用于接待官差的，所以房间中的配置也并不差。此外，驿站也有给过往官差提供马匹的职能，所以马舍也是驿站的必要配置。规模比较大的驿站，还会配有公馆、佛堂、监房等场所。

驿站的兴衰与国家的繁盛与衰亡息息相关，因此统治者对于驿站的建设尤为重视。这一点从其选址和形制中就可以体现出来。

五、古代的符与节

张籍在《送郑尚书赴广州》中写道："圣朝选将持符节，内使宣时百辟听。"这里提到的"符节"是古代用于传达命令的一种凭证。"符"通常作为军队调动的凭证，也可作为国家治安所规定的通行证件；"节"则多供使者和商人在路途中使用，作为他们身份的证明。

符节是我国古代朝廷传达命令、征调兵将的一种凭证。我国的符节制度起源于原始的契刻记事。在文字产生之前，人们便将一些符号刻于竹木之上，然后将其一分为二，双方各执其一，作为信物。后来随着战争日益频繁，竹木符节逐渐演变成各种各样的兵符。

"符"与"节"的用途并不一样。"符"主要是政治和军事上的凭证和信物，既可以用于证明身份，又可以作为出入关卡、要塞等地的凭证，还可以作为传达命令、调兵遣将的信物。"符"分为可以相合的两半，一半在君王手中，另一半在带兵将领手中。皇帝想要调兵，必须要派人将自己手中的半块符送去与带兵将领手中的半块符验证，两块符合得严丝合缝，也就是"合符"，才能调兵。

相传"符"这一调兵信物，是由西周军事家姜子牙发明的，因其形状似虎，所以也有"虎符"之称。我国考古发现最早的虎符就是春秋战国时期的"杜虎符"。虎身长九十五毫米，高四十四毫米。虎仅半面，作直立行走状，昂首，尾端卷曲，样式精美。虎身上刻有铭文。

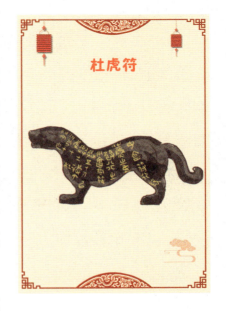

符的形制五花八门，以虎形居多，秦代也有鹰符、马符、龙符等，唐代比较盛行鱼符、龟符等。符的材质也是各式各样，其中以青铜材质的较为常见，也不乏用金、玉、竹等材料制成的符。

符所发挥的最大作用就是约束军队，毕竟"天高皇帝远"，统治者对地方的管理也不能面面俱到。因此历朝统治者为了避免地方擅自用兵，都会利用符这种信物来约束军队。

与"符"相比，"节"的用途要更加广泛。《辞源》中"节"的释义为"古时使臣执以示信之物"。它既是古时候派遣使臣出使他国所持的凭证，也是机要通信的标志或授予权力的象征。汉武帝时期，苏武就曾作为汉朝使臣，持节出使匈奴。

1957年，安徽省寿县出土了战国时期的"鄂君启节"。这是楚怀王发给鄂君启的"陆路和水路通行证"。此节上刻有铭文，严格规定了陆路和水路运输的范围、水路船只的数量等内容。

在中国历史上，由于时代、质地、形制不同，符节曾经有过很多不同的称呼，如传、玺书、契、传符、牌符等。但无论名称怎样改变，其功能和作用都没有太大改变。

六、度牒——古代出家人的身份凭证

度牒是古代出家人的身份凭证，原称"度僧牒"，也有"戒牒"和"黄牒"之称。拥有度牒的僧尼，可以免除地税和劳役，因此古代经常有人选择遁入佛门，获取度牒，以逃避地税与徭役。

度牒是朝廷发给出家人的身份证明。由《事物纪原》中"度牒自南北朝有之"可知，度牒最早出现于南北朝时期，至唐朝时期尤为盛行，因为当时是由祠部颁发，所以又有"祠部牒"之称。

免除持牒者的地税和徭役，对于国家而言并不是什么好事，毕竟多一个持牒者，就少了一个纳税人，如果对此不加以限制，就会影响国家财政和社会稳定。因此在唐朝时期，颁发度牒的权力往往为中央所掌握。

唐朝中期，朝廷为了控制僧尼人数，甚至还效仿科举考试举办僧尼考试，只有通过考试的人才能拿到度牒。

　　安史之乱时，为了增加朝廷的财政收入，唐肃宗采纳左仆射裴冕的建议，开始实行"鬻度"制度，通过买卖度牒来增加财政收入。自此，度牒逐渐商品化。

　　宋承唐制，度牒制度在宋代进一步发展，度牒买卖开始全面盛行。在冯梦龙的小说集《醒世恒言·佛印师四调琴娘》中便有关于买卖度牒的记载："原来故宋时最以剃度为重。每度牒一张，要费得千贯钱财方得到手。"在北宋时期，度牒已被卖到了天价，价值千金。

　　宋英宗治平年间，北宋朝廷的财政越发捉襟见肘。为了缓解财政困难，朝廷同样借助出卖度牒来敛财。此后，买卖度牒就成了朝廷应付营造、赈灾、筹饷的办法。例如，宋神宗年间，朝廷就曾通过售卖度牒来筹款，借此来推行王安石变法。

　　苏轼在任杭州太守期间，也曾通过买卖度牒来筹款，修浚西湖。北宋元祐五年（1090 年），苏轼针对西湖淤塞严重的问题，向朝廷上书《杭州乞度牒开西湖状》，要求朝廷拨度牒一百道。苏轼用这一百道度牒换了数万贯钱财，使得"半年之间，目见西湖复唐之旧"。

　　宋朝还进一步完善了取得度牒的考试制度，明确考试方法、内容与录取人数。宋太宗雍熙二年（985 年）规定："僧、尼自今须读经及三百纸，差官考试，所业精熟，方许系帐。"只有这样，才有资格获得度牒。

历代制作度牒的材料各有不同，唐朝时期多使用绫素、锦素、钿轴，北宋时期用纸，南宋时期则用绢。在度牒之上会写明僧尼的原籍、俗名、年龄、所属寺院、剃度师名以及所属官署，方便查验。

古代度牒

乾隆年间，由于"摊丁入亩"政策的实行，度牒改由寺院发放。自此，在封建社会存续了千年的度牒制度走向衰亡。

七、过所——关津通行证

"过所"，从广义上讲，有"度过之处所"的含义；从狭义上看，则专指行人过关津（水路交通要道）的身份凭证。过所制度在战国时期初具雏形，正式应用则是在汉朝时期。

关于过所，东汉刘熙载在《释名》中是这样解释的："过所，至关津以示之也。"古时候为了便于管理和收税，是不允许人口随意流动的，只有携带通行证才可通行，而过所就是一种类似关津通行证的东西。由于过所中含有大量的身份信息，因此也可看作一种身份证明。

过所早在战国时期便已经萌

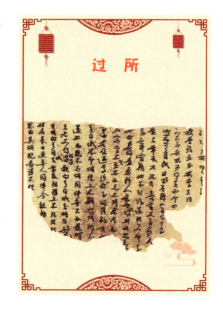

芽。《史记·商君列传》中有载："商君之法，舍人无验者，坐之。"秦惠文王即位后，商鞅被诬告谋反，无奈只能出逃。商鞅逃亡途中想要投宿客舍，却因为没有官府颁发的凭证被拒绝。最终商鞅被捕，并惨遭车裂。

过所制度是西汉武帝时期开始正式启用的。在汉代，过所也被称作"传"。郑玄的《周礼注疏》中记载："传，如今移过所文书。"

《居延汉简》中存有一份汉成帝时期的过所记录，其中写道："元延二年十月乙酉，居延令尚、丞忠，移过所县道河津关，遣亭长王丰，以诏书买骑马酒泉、敦煌、张掖郡中，当言传舍从者，如律令。守令使诩、佐褒。十月丁亥出。"从这里的记载，我们可以知晓过所的大致格式，其中明确交代了公出人员的身份、公出时间、公出事由、签发人员、签发时间等内容。

两汉时期，过所的申请极为烦琐。首先，要由申请人向地方官员提出口头或书面申请，说明外出缘由、目的地、时间以及所带物品；其次，由啬夫对申请者的相关情况进行核实，再上报郡县；最后，郡县长官受理后，核实报告，签发过所。过所一式两份，一份交由申请者，另一份存档备查。

至唐朝时期，过所制度日益成熟，形成了一套完整的制度。唐代在全国各地共设二十六关，分为上、中、下三等，不同的人出入关津需要不同的证明。《唐律疏议·卫禁》中有明确记载："水陆等关，两处各有门禁，行人来往，皆有公文。谓驿使验符券，传送据递牒，军防、丁夫有总历，自余各请过所而度。"

此外，唐朝还形成了严格的审批和检查制度，不携带过所出行会受到严厉的惩罚。关于这一点，《唐律疏议·卫禁》中亦有规定："若无公文，私从关门过，合徒一年。越度者，谓关不由门、津不由济而度者，徒一年半。"也就是说，私自过关的人处一年徒刑，不从门过关或者不由济过津者，处一年半的徒刑。

生活在现代的我们，除了出国需要护照，在国内出行不受任何限制。然而在古代，想到处看看却并不是一件容易的事情，只有从当地官府获得过所，才能一路通行。如果没有过所就私自出行，可是会面临徒刑的处罚的。

八、限制人口流动的路引

　　路引是封建社会为了限制人口流动，将人口束缚在土地上的一种措施。统治者实行路引政策的主要目的就是收税。古代最重要的税就是人头税和土地税，只有限制人口流动，才有利于国家征税。

　　中国历代都有类似路引的制度，比如，唐朝时期的"过所"，宋朝的"凭由"，等等。

　　路引制度为明太祖朱元璋开创，其目的是加强统治、监督百姓、维护社会秩序。《大明会典》中明文规定："若军民出百里之外不给引者，军以逃军论，民以私渡关津论。"也就是说，离开户籍所在地百里就需要路引，如果没有路引，就会以"偷渡罪"论处。

　　明朝也在《大明会典》中对无路引出行如何处罚做了详细的规定："凡无文引，私度关津者杖八十；若关不由门、津不由渡，而越度者，杖九十。"可以看到，在明朝外出却没有路引，最轻的惩罚也要被杖责八十。

作为出门通行证的路引，申请程序极为烦琐：首先要由申请人向乡里提出申请；乡里审核通过后，再提交到州县审核；州县核准后，才会发放路引。路引上会标注申请人的姓名、年龄、住址、事项原因、起止地点以及返回期限。

《大明会典》

路引持有者必须严格遵守相关制度，不得转让路引，不得冒名使用路引，返回乡里后必须上交路引予以注销。持路引外出者，必须在返回期限内回到户籍所在地。也就是说，路引是具有时效期的，如果申请人逾期未返回，同样会受到惩罚。

明朝政府除了制定一系列法律来约束路引持有者外，也对各级官吏提出了要求。《大明会典》中规定官吏必须要依法办理路引，如果枉法审核路引，会受到杖责一百的处罚。此外，对于各关津查验路引的官员，明朝也制定了严格的规章制度，要求他们按要求核查，不得延时留难。

　　那关津官员应如何查验路引呢？明朝万历年间的刑部侍郎吕坤曾设计过一份详尽的路引模板，在路引上会注明申请者的体貌特征，还会登记这些人的家人的信息，便于官员核验。关津官员只要依照路引上的信息，核实眼前人是否为路引申请者本人就可以了。

　　清代保留了明代的路引制度，出行依然要申请路引。可以说，路引制度作为户籍管理制度不可分割的一部分，在维系封建统治方面发挥着重要的作用。

第五章

古代的
桥梁关津

一、古代桥梁的发展演变

桥梁作为我国古代交通的重要组成部分，有着极为悠久的历史。可以说，桥梁与人类是共同发展的。

《说文解字》中关于桥的解释是"梁，水桥也"。清代学者段玉裁对此进行了注释，即"梁之字，用木跨水，今之桥也"。也就是说，桥即架空的道路，建桥就是为了解决跨水与越谷的交通问题。

我国古代的桥梁发展大致经历了四个阶段：第一阶段为西周、春秋时期；第二阶段为秦汉时期；第三阶段是唐宋时期；第四阶段是元明清时期。

西周与春秋时期是我国桥梁的创始阶段。这一时期不仅有独木桥和汀步桥等原始桥梁，还有梁桥和浮桥等独特的桥。此时的生产力水平还较为低下，因此古人多在地势平坦、河宽较窄、水流平缓的河段修建一些木梁式的小桥；如果是水面较宽、水流较急的河道，则多会采用浮桥样式。

我国有记载的最早的桥就是西周时期的渭水浮桥，距今已有三千年的历史。《诗经·大雅·大明》中记载："文定厥祥，亲迎于渭。造舟为梁，不显其光。"渭水浮桥是周文王为了娶亲临时搭建的，制桥方法可以说十分粗糙，就是将几十艘船绑在一起，并在船上铺上木头，再将靠近河岸的船用绳索绑在两岸的木桩上。

秦汉时期是我国桥梁的发展阶段。东汉时期，桥梁样式逐渐多样化，形成了梁桥、浮桥、索桥和拱桥四种基本桥型。汉光武帝建武十一年（35 年），四川割据势力公孙述在现今湖北省宜都市荆门和宜昌市虎牙之间，架起了长江之上的第一座浮桥——江关浮桥。

唐宋时期是我国桥梁发展的鼎盛阶段，这一时期出现了许多备受瞩目的桥梁。隋代著名桥梁工匠李春建造的石拱桥赵州桥，北宋时期的叠梁式木拱桥虹桥，南宋时期建于今广东潮州的广济桥，等等，都是在此时建造的。

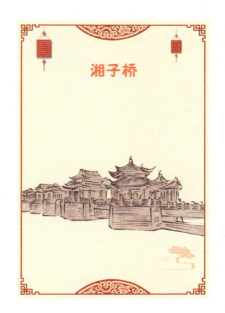

湘子桥

　　至元明清时期，无论是建造桥梁的技术还是桥梁的数量都已经趋于饱和，没有什么重大的突破。这一时期主要对前朝的一些桥梁进行了修葺和改造，也建造了一些新桥梁，例如明朝时期修建的江西南城万年桥、贵州盘江桥等。此外，这一时期还出现了许多修建桥梁的施工说明文献，这为后世研究古代桥梁提供了大量的资料。

　　遍布于每一条河流之上的桥梁，构成了四通八达的交通网络，使各个地区得以联通起来。我国古代桥梁，无论是在工艺上还是在结构上，都是世界桥梁史上的佼佼者。一座座保留至今的古代桥梁更是古人非凡智慧的体现。

二、不在洛阳的洛阳桥

我国古代有四大名桥，分别是北京的卢沟桥、河北的赵州桥、广东的广济桥和福建的洛阳桥。这其中有一座桥的名字极为特殊，它明明不在洛阳，但是却名为"洛阳桥"，这究竟是为什么呢？

洛阳桥位于福建省泉州市境内，原名"万安桥"，是我国现存最早的跨海式桥梁，有"海内第一桥"之称。洛阳桥既然不在洛阳，为什么要叫洛阳桥呢？这个问题可能让很多人都摸不着头脑。原来，唐宋以来，北方战乱频繁，大批中原人南迁谋生。由于迁居这里的多为河洛（古时指洛阳一带）人士，他们出门在外，时间久了难免思念家乡，见此地的山川地势与故都洛阳极为相似，于是便将这里取名为"洛阳"，洛阳桥也因此得名。

宋朝时期，泉州港内帆樯林立，百舸争流，来往商人无数。而此地位于洛阳江的入海口处，地理位置十分特殊，风急浪高，极其危险，因此翻船之事时常发生，葬身于江中的人也数不胜数。基于此，在洛阳江上建桥已然势在必行。

《泉州府志》中记载，北宋庆历年间，郡人李宠曾用甃石造浮桥。此人可以说是在洛阳江上建桥的第一人，但是他建造的浮桥不太稳，并没有达到使人安全渡过的目的。继李宠之后，北宋皇祐五年（1053年），王实等人在洛阳江上砌石筑桥，未果。后来，"宋四家"之一的蔡襄二任泉州知州时，才正式开始主持修建洛阳桥。

洛阳桥的修建工程可谓极其不易。由于洛阳江入海口处水流过于湍急，传统的建立桥基的方式根本就不适用。蔡襄经过和工匠多次讨论，最终确定使用筏形桥基，这样可以有效减少海浪和江水对桥基的冲击。此外，蔡襄还采用种蛎固基的方法来加固基石，使得洛阳桥更加稳固。

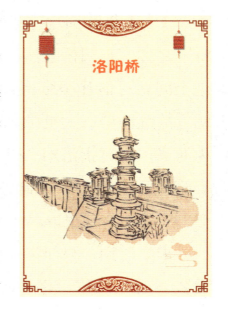

洛阳桥

洛阳桥的建成，耗费了近七年时间，用掉了一千多万两白银，极其不易。蔡襄对于洛阳桥的建成居功至伟，洛阳江两岸的百姓为了纪念蔡襄的功绩，在桥南为其建了一座"蔡襄祠"。

洛阳桥建成后，不少文人墨客慕名而来，留下了许多脍炙人口的诗篇。宋代著名理学家朱熹的老师刘子翚就写下了《洛阳桥》一诗："跨海飞梁叠石成，晓风十里度瑶琼。"南宋一位名叫王十朋的官员在任泉州知州时亦写道："北望中原万里遥，南来喜见洛阳桥。"

洛阳桥的搭建，不仅为洛阳江两岸的人们带来了便利，还极大地促进了泉州地区贸易的发展。时至今日，洛阳桥虽历经多次修葺，但桥边的一些古迹依然保存完好，让我们得以窥见传承千年的洛阳古桥之遗踪。

三、赵州桥——工艺独特的石拱桥

　　赵州桥被誉为"中国第一石拱桥"，是世界上现存最早、保存最好的石拱桥，位于河北省石家庄市赵县城南的洨河之上。赵县在古时候被称作"赵州"，为区分赵州城西门外的永通桥，当地人又将赵州桥称为"赵州大石桥"。

　　赵州桥始建于隋朝，是由工匠李春主持修建的，迄今为止已有一千四百余年的历史。赵州桥其实一开始并不叫这个名字，那这个名字是怎么来的呢？

　　赵州桥始名"赵郡河石桥"。唐朝中书令张嘉贞在《赵州大石桥铭》中曾记载："赵郡河石桥，隋匠李春之迹也。"1913 年，赵州改为赵县。因此地"赵州"之名沿用近千年，于是便以"赵州"作为桥名，称该桥为"赵州桥"。

　　此外，赵州桥在北宋时期还经历过一次改名。北宋元祐年间，宋哲宗赵煦北巡时曾途经赵州桥，于是便取"利贯金石，强济天下，通济利涉，安全渡过，万民以福"之意，为其赐名"安济桥"。

赵州桥是一座敞肩圆弧形单孔石拱桥。与普通的桥相比，赵州桥的形制极为特殊，其桥身上的大石拱由二十八条石券并列组成，使得赵州桥看起来十分美观。唐代文学家张鷟（zhuó）曾这样来形容赵州桥的弧形拱洞："望之如初月出云，长虹饮涧。"意思是这个弧形拱洞看起来好像一弯穿出云层的新月，又好似一道入涧饮水的长虹。在大拱的两边，各建有两个弧形的小拱。这种形制的石拱桥在当时是绝无仅有的。

历代文人也曾歌咏赵州桥。元代词人李庭曾在《水龙吟·萧公弼生朝》中写道："自归来，却过赵州桥上，阅桥下，东流水。"宋代杜德源曾在《安济桥》一诗中咏叹赵州桥为"驾石飞梁尽一虹，苍龙惊蛰背磨空"。

时至今日，赵州桥已在洨河之上伫立了千余年。合理的选址是它成为千年古桥的一个重要原因。李春在选址时，特地将赵州桥的基址选在了洨河的粗沙之地上，借此来提高桥梁的承重力度，保证桥梁的稳定性。

在千年的历史沿革中，赵州桥曾历经十次水灾、八次战乱以及多次地震，但在人们的修修补补下，其至今依旧屹立不倒。赵州桥共经过了九次大的修补，其中包括唐代刘超然补石修桥，宋代怀丙和尚化铁固石正桥，明代张时泰、张居敬、张居仁三人接力修桥，以及清朝王元治出资修桥等。

20世纪50年代，赵州桥又经过了一次规模较大的修整。由于几经战乱，赵州桥桥身损坏严重，面临着崩塌和毁坏的危险，因此国家于1953—1958年对其进行了修缮。**赵州桥现**为全国重点文物保护单位。

四、春风不度"玉门关"

玉门关遗址地处河西走廊的最西端，位于今甘肃省敦煌市西北，伫立在一片戈壁滩上。汉朝时期，玉门关是通往西域的门户，是当时最为重要的军事关隘和丝路交通要道。

玉门关的关址发生过几次重大变迁，因此历史上其实有三处玉门关，分别是汉代的玉门关、隋唐时期的玉门关、五代宋初的玉门关。

玉门关俗称"小方盘城"，始建于汉武帝时期，距今已经有两千余年的历史。汉武帝攻下河西走廊之后，为了便于管理，在此设立了河西四郡，分别是武威郡、酒泉郡、张掖郡和敦煌郡，同时还设置了玉门关和阳关。玉门关因和田玉而得名。由于西域之人经常经此关来运输和田玉，久而久之，这里就被称作"玉门关"了。

张骞两次出使西域皆是由玉门关前往。东汉明帝时，

班超也曾经由玉门关进入西域，并长期留守在那里，直到
七十一岁才返回中原。班超驻守西域时，非常思念故土，
于是便给皇帝上书说："臣不愿到酒泉郡，但愿生入玉门
关。"意思就是"我不敢奢望回到酒泉，但是想要活着进
入玉门关"，以此来表达自己对故乡的思念之情。

隋唐时期，玉门关的关址由
敦煌西北部迁至敦煌东部的瓜州
晋昌县境内。《大慈恩寺三藏法
师传》中记载，玄奘西行求取真
经，于贞观三年（629 年）抵达
了瓜州晋昌城。他在当地询问西
行路程时，有人告知：从此北行
五十余里有一葫芦河，"下广上
狭，洄波甚急，深不可渡。上置
玉门关，路必由之，即西境之襟
喉也"。从这里的记述不难看出，

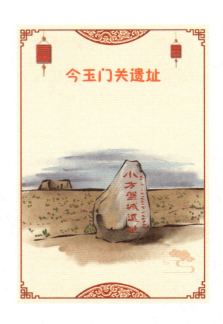

当时的玉门关关址已经迁至瓜州晋昌县境内。

唐代的许多诗人都曾提及这伫立于荒漠之中的玉门
关。诗人王之涣在《凉州词二首（其一）》中写道："羌笛
何须怨杨柳，春风不度玉门关。"诗人戴叔伦在《塞上曲
二首（其二）》中写道："愿得此身长报国，何须生入玉门

关。"著名边塞诗人王昌龄在《从军行七首（其四）》中写道："青海长云暗雪山，孤城遥望玉门关。"

至五代宋初之时，玉门关的关址又发生了变动。敦煌遗书《西天路竟》中记载："灵州西行二十日至甘州，是汗王。又西行五日至肃州。又西行一日至玉门关。"《西天路竟》是一位赴西域求法的僧人的行记。从这位僧人的行程可知，此时的玉门关关址已经迁移到今酒泉城附近。宋朝初年，随着海运的兴起，陆运已呈日薄西山之势，玉门关也逐渐废弃，湮没在了漫漫历史长河之中。

如今保留下来的玉门关遗址，是汉代"小方盘城"遗址。自汉武帝时设关，玉门关历经三次变迁，跨越一千余年，它在我国交通史上闪烁过的光辉将永远不灭。

五、山海关——万里长城第一关

山海关位于今河北省秦皇岛市山海关区，是明长城东北关隘之一，素有"两京锁钥无双地，万里长城第一关"之称。

山海关，又称"榆关""渝关""临闾关"。明洪武十四年（1381年），朱元璋为了加强京城防务，命明朝开国将领徐达负责主持修建山海关长城。由于其北靠燕山，南临渤海，因此得名"山海关"。

山海关的城池是一座周长约四千米的小城，城高十四米，厚七米，整个城池与长城相连，包含四座主要城门，以及多种防御建筑。山海关以挂有"天下第一关"匾额的箭楼为主体，周边辅以靖边楼、临闾楼、牧营楼、威远堂、瓮城、东罗城等建筑。

"天下第一关"匾额长六米，字体为正楷大字，笔力凝重，骨气遒健，应是出自某位书法家之手。

山海关地处海陆咽喉要冲，也是东北与华北地区的交通要冲，修筑极为不易，历经洪武、成化、嘉靖、万历、天启、崇祯六朝，耗费了大量的人力和物力，前后共用了二百六十三年。

山海关之所以有"天下第一关"之称，就是因为其独特的地理位置。山海关距离明朝都城北京仅有二百八十千米，关乎明朝京师的安全。这里的"第一"，也表明山海关在扼守辽西走廊、护卫华北平原方面发挥了重要作用。

作为军事重镇和战略要地，山海关备受明朝统治者的重视。明朝宣德年间，曾在此地特设兵部分司署。这是明朝兵部唯一的分设机构，具有独特的军事功用和政治功用。自设立之初到明朝覆灭，它共存续两百余年，曾有九十位兵部分司在此主事。

千百年来，山海关也见证了无数重大的历史事件。唐太宗李世民御驾亲征高句丽时，就是于此地班师回朝；明朝末年，辽东总兵吴三桂正是在此处放清军入关……这一桩桩、一件件历史事件，都曾经发生在这片土地之上。

　　山海关自洪武十四年设卫，迄今为止已有六百余年的历史。如今的山海关早已不再作军事之用，而是人人都可以走进游玩的旅游景点。它正在以另一种形式继续向世人展示着它的风采。

六、嘉峪关——天下第一雄关

嘉峪关是明长城最西端的关口，位于甘肃省嘉峪关市西南，伫立在一片沙漠戈壁之中，有"河西咽喉"之称，被誉为"天下第一雄关"。

嘉峪关始建于明洪武五年（1372 年），比"天下第一关"山海关早建了九年，距今已有六百余年的历史，为现存长城上最大的关隘，也是我国规模最大的关隘，素有"番人入贡之要路，河西保障之咽喉"之称。

嘉峪关是丝绸之路上的交通要道，东连酒泉，西接玉门，背靠黑山，南临祁连，历来为兵家必争之地。西汉时期，汉武帝曾下令在此修筑河西长城，设防建卡，名为"玉石障"。五代时期，又在关北黑山脚下设"天门关"，宋朝时改为"玉门关"。但此时这里有关无城，只做稽查来往行人之事。明朝初年，宋国公、征虏大将军冯胜在班师回朝途中，途经此地，见这里地理位置极佳且地形险要，便决定在此地设置嘉峪关。

嘉峪关由内城、外城以及城壕三道重叠的防线构成，与长城连为一体，形成了"五里一燧、十里一墩、三十里一堡、百里一城"的军事防御体系。嘉峪关的建成，在河西走廊地区筑起了一道坚固的长城防线，易守难攻，对保障河西地区的安全起着重要的作用。

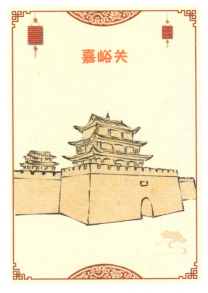

清康熙年间，康熙皇帝武力扩张，将势力扩展到安西、敦煌一带。至乾隆时期，清朝又统一了新疆地区，嘉峪关不再是要塞关口。此后，嘉峪关失去了军事防御和交通管制的功能，成为一座收税的关卡，所有由新疆运送至中原的货物都要在此缴纳关税。

清朝末年，林则徐因主持虎门销烟获罪，被贬至新疆。他在赴任途中经过嘉峪关时，曾写诗咏叹："严关百尺界天西，万里征人驻马蹄。飞阁遥连秦树直，缭垣斜压陇云低。天山巉削摩肩立，瀚海苍茫入望迷。谁道崤函千古险，回看只见一丸泥。"林则徐用生动形象的诗句道出了嘉峪关的雄伟壮丽。

嘉峪关在历史上曾进行了三次大的修缮。第一次是在清乾隆年间，为了加强西北地区的防务，对城内的城台和城墙进行了加固和维修；第二次是在 1986 年至 1990 年，在"爱我中华，修我长城"口号的呼吁下，重建了嘉峪关城楼、游击将军府等建筑；第三次则是在 2011 年 11 月 18 日，有关部门实施了嘉峪关文化遗产保护工程。

时至今日，嘉峪关依旧伫立于我国西北的边陲地区，但它早已不再是一座人迹罕至的孤城。无数人驱车来此，驻足在嘉峪关前，只为一睹这历经百年风霜的"天下第一雄关"究竟是何模样。

七、茅津渡——黄河三大古渡之最

茅津渡、风陵渡、大禹渡并称"黄河三大古渡"，其中以茅津渡最为知名。茅津渡位于山西省运城市平陆县南边的茅津村，地势险要，是沟通河南、山西的重要渡口，也是黄河之上的一个至关重要的渡口。

茅津渡，也称"陕津渡""茅城渡""会兴渡"。北魏郦道元曾在《水经注》中记载其名称来历："陕城北对茅城，故名茅亭，茅戌邑也，津亦取名。"

茅津渡是"黄河三大古渡"中最古老的渡口，它的历史最早可追溯到商代。茅津渡历来是兵家必争之地，具有极为重要的军事战略意义。古籍中凡是提到茅津渡，大都和战争有关。春秋时期，晋国要扩张，想灭掉虢国。但是晋国在黄河以北，虢国在黄河以南，想要渡过黄河，必须经过虞国。于是晋国便用金银财宝与美女买通了虞国，借道南下灭了虢国，凯旋的途中又顺路灭了虞国。而晋军正是从茅津渡河后才灭掉虢国和虞国的。

秦晋之间的几次战争也都与茅津渡息息相关。晋襄公时期曾与秦国于崤山交战。晋军南下渡过茅津渡，封锁崤山通道，并在此地埋伏，准备偷袭秦军。待到秦军经过崤山时，埋伏在山顶的晋军向山谷中放箭，秦军几乎全部被射杀。这就是秦晋之间的崤山之战。

公元前624年，秦穆公御驾亲征，率兵讨伐晋国，一路势不可当，大败晋国，取得胜利。后来秦穆公带领军队同样从茅津渡过河，进入了崤山山谷中，为崤山之战中战死的将士树立标记，然后返回国都。

东汉末年，末代帝王刘协仓皇出逃，也是由茅津渡出发的。唐代安史之乱时，唐肃宗为了平叛，也由茅津渡进入中原。由此可见战乱时期茅津渡的军事战略意义。

但是在国家统一、社会稳定的历史时期，茅津渡在军事上的意义不再明显，转而凭借优越的地理位置，成为重要的交通枢纽，带动了当地的经济发展与繁荣。《平陆县志》记载："茅津地当水陆要冲，晋豫两省通衢，冠盖之络绎，商旅之辐辏，三晋运盐尤为孔道。"茅津渡作为水陆要冲，运城的盐、晋南的粮食和棉花都要通过这个渡口向中原转运，这里可以说是名副其实的经济港口。

不少文人曾执笔写诗对茅津渡表达赞誉之情。例如，北宋时期一位名叫魏野的诗人曾作过一首《茅津渡》，诗言："数点归鸦啼远树，人行欲尽夕阳路。暮霭还生竹坞村，西风乍起茅津渡。"

如今茅津渡已失去了渡口的功能，成为我国的风景名胜。或许其经济、军事、交通功能已然不在，但是其周边秀丽的景色又何尝不让人为它驻足？

八、瓜洲古渡，胜境犹存

瓜洲古渡位于江苏省扬州市大运河下游与长江交汇处，是京杭大运河入长江的重要通道，有"南北扼要之地"之称。其历史极为悠久，可谓千年古渡，胜境犹存。

瓜洲古渡始建于晋朝时期，距今已有一千八百年的历史。瓜洲最初是由长江中的泥沙冲积而成，因洲形如瓜且随着江潮的涨落时隐时现，由此得名。关于这一点，郦道元在《水经注》中有过记载："汉以后，江中涨有沙碛，形如瓜，故名瓜洲。"瓜洲至晋朝时露出水面，成为长江中四面环水的沙洲，后来在周边慢慢又形成渔村和集镇。

由于泥沙持续堆积，到了唐朝时，瓜洲已与北岸的陆地相连，成了长江北岸的渡口。开元年间，随着运河的贯通，瓜洲渡地理位置的优越性日益显现出来，成为南北向运河与东西向长江十字形黄金水道的交汇点，是漕运与盐运的要冲，每年过往船只达百万艘。瓜洲迅速发展成为江边巨镇。

瓜洲古渡口自晋朝形成后，一直延续到了清朝末年。在这千年的发展中，瓜洲不仅是重要的渡口，还是关键的水路驿站，见证了无数的历史。在宋金战争中，瓜洲作为战争前线，曾见证了宋军击败南侵的金人。南宋乾道四年（1168 年），宋军开始在此地筑城。明清时期，朝廷在瓜洲一带设置官署，负责管理漕运

事宜，一为保证渡口安全，二为收税。这一时期瓜洲渡口一带的经济极为繁荣。

瓜洲古渡的战略位置十分优越，历来都是兵家必争之地。其扼七省之咽喉，为扬州门户，虽为弹丸之地，却能"瞰京口，接建康，际沧海，襟大江"。

关于瓜洲古渡，无数的文人墨客曾写诗吟咏，因此它也有"诗渡"之称。北宋诗人王安石在《泊船瓜洲》中曾写道："京口瓜洲一水间，钟山只隔数重山。"南宋诗人陆

游在《书愤》中亦写道："楼船夜雪瓜洲渡，铁马秋风大散关。"

除了诗歌外，这里也有许许多多的名人轶事。在这千年古渡上，最令人壮怀的事情应是唐代高僧鉴真由此起航东渡日本，在唐朝与日本之间架起了文化沟通的桥梁。这里还流传着杜十娘的传说。杜十娘为明代冯梦龙《警世通言·杜十娘怒沉百宝箱》中的女主人公，当地为纪念"杜十娘怒沉百宝箱"建立了"沉箱亭"。千余年间，这里还留下了康熙、乾隆等多位帝王的足迹。

如今瓜洲古渡早已成为著名的旅游景点。其虽然不再是交通要塞，却换了一种形式继续散发着自己的光彩。

第六章

古代的
交通轶事

一、茶马古道上的马帮

茶马古道是中国历史上的一条贸易通道，这条道海拔极高且陡峭险峻，因此只能步行通过。随着茶马古道上的贸易活动日益频繁，一个名为"马帮"的商队逐渐形成。

马帮是我国西南地区独有的一种交通运输方式。马帮是由赶马人和骡马组成的一个严密组织，自上而下由掌帮、锅头、班、把组成，他们往返于交通不便的地方运送货物。

掌帮为马帮的总统领，由马帮所有锅头推举担任。掌帮下面有锅头，是马帮下商队的首领。由于商队中的人都在同一个锅里搅马勺，商队的首领因此也被称为"马锅头"。

马锅头作为商队首领，总是骑头马走在队伍最前面，头马身披红绸，脖挂铜铃，整个队伍都能听到头马铜铃发出的清脆铃声。这个铃声可以起到两个作用：一是震慑野兽；二是向周围村落传递"马帮进村了"的消息。

一趟贸易的成败与马锅头息息相关，因此一个商队马锅头的人选至关重要。他不仅要经验丰富、头脑精明，还要身强体壮、有武艺傍身，而且一定要圆滑，会为人处事，能够协调好各方的关系。

稍大一些的马帮的马锅头还有助理，名为"二锅头"，主要负责马帮的财务。有的马帮还设有前哨、后卫、马夫、伙头等司职。

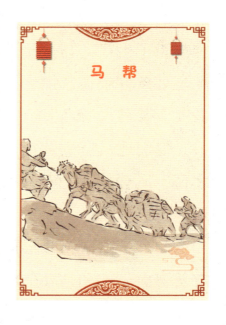

锅头下面会设班，一般以二十五到三十匹马为一班。班下还有把，每四匹马为一把，六把以上为一班。每把会设置一个"马脚子"，也就是赶马人。

马帮对于马也有要求。由于茶马古道所经之处山高路陡、道路崎岖，所以只有云南本地的马才能在这条路上行走自如。马帮最常用的马匹是大理马和骡马，这两种马擅长走山路，并且可以长途跋涉半个月之久。

马帮在不同历史时期运送的货物有所不同。秦汉时期，马帮以运送贵重物品为主，其中包括铁器、铜镜、丝织品、金银珠宝、象牙等。唐宋时期，马帮则以贩运茶叶为主。后来到了明清时期，马帮则开始以贩运大宗货物为主，如盐、茶、铜等。

马帮世世代代行走于茶马古道上，在这些人身上闪烁着令人肃然起敬的马帮精神。从事马帮贸易，无异于在刀尖上讨生活，这些赶马人身上最为人称道的就是冒险精神。为了生存，马帮几乎是在用自己的生命冒险。他们所到之处条件艰苦，加之土匪强盗的威胁，稍有不慎，就会命丧于茶马古道之上。

他们还具有勤勉精神。马帮中的商人能忍与妻儿分离之苦，风餐露宿，不管再漫长的旅途，都会一步一个脚印地走下来。

此外，由于要和形形色色的人打交道，所以他们身上有着宽容、亲和与守信精神。马帮从事的是商业活动，作为商人，最重要的就是讲信誉，这样才会有源源不断的生意找上门。

马帮千年以来行走在大西南，对云南、贵州、四川、西藏之间的经济文化往来有着重要的作用。

二、古人"走镖"的规矩

现如今，我们享有高效的物流服务，即使相隔千里，也能几天送达。但是生活在古代的百姓显然无法享受如此方便的物流服务。他们想要长途寄送东西该怎么办呢？这就不得不提古代的一种职业——镖师。

古时候，人们运送贵重货物，通常会雇镖师来为其保驾护航。镖师受雇主委托所从事的活动名为"走镖"。

镖师这一职业最早始于北宋时期，清朝时发展至鼎盛。清朝末年，社会动荡，国将不国，但镖局却在这一时期得到了蓬勃发展。在西方列强的冲击下，全国各地的商业活动非但没有停止，反而变得极为频繁。但此时的社会匪患成灾，极为动荡不安，对商人的财物和人身安全造成了巨大威胁。商人生活在这样的社会中，充满了恐惧，而他们的恐惧正是镖局发展的机会。

镖局走镖通常分为水路和陆路。无论是水路押镖还是陆路押镖，都有需要遵守的走镖规矩。如果是走水路，需要遵守"水路三规"，即"昼寝夜醒""人不离船""避讳妇人"。

"昼寝夜醒"，就是镖师通常白天休息，晚上上岗。晚上是抢劫和盗窃多发的时间，因此白天除了留值班的镖师外，其余镖师都进舱休息，晚上再纷纷出舱看守货物。

这些镖师还需要遵守"人不离船"的规定。水路一般走的是运河，所以经常会路过一些繁华地段，但无论岸上发生什么事，镖师都要做到置之不理，待在船上不动，谨防"调虎离山之计"。

此外，镖师还要注意"避讳妇人"。镖师登船后均不得进入后舱，远离船家和雇主的女眷，而且对于沿途女子也要"不屑一顾"。这样做是避免他人施"美人计"，偷走货物。

与水路相比，镖局陆路的生意更多。如果镖师走镖走的是陆路，则需要遵守"保镖六戒"：一戒住新开设的旅店；二戒住易主的店；三戒住娼店；四戒武器离身；五戒镖物离身；六戒忽视疑点。

除此之外，镖师在走镖过程中还有"三会一不"的规矩。"三会"，指的是会搭炉灶、会修鞋和会理发；"一不"则指的是不洗脸。

镖师在走镖的时候不可能随时都能找到客栈留宿，在荒郊野外打地铺是常有的事，因此搭炉灶就是镖师的必备技能。毕竟无论住在何处，都是要吃饭的，只有吃饱了才能好好干活。会修鞋是因为镖师大部分时间都在行走，鞋子磨损很严重，掌握一门修鞋手艺，便可以随时随地修鞋。此外，镖师还要会理发。镖师走南闯北，结交地方势力是他们的必修课，这样也方便走镖。因此他们每到一个城市，免不了去拜访地方势力，既然是登门拜访，就不能灰头土脸地去，所以会理发也是镖师的必备技能。

可能很多人都会疑惑，为什么做镖师还不能洗脸？这其实是有一定讲究的。在镖师一行中，"洗脸"一词就是"到家"的意思。镖师说"该洗脸了"，就是"该到家了"。另外，镖师不洗脸也可能是因为长年在外风餐露宿，环境恶劣，常洗脸反而会使脸上的皮肤受到伤害。

　　除了这些，镖师在走镖时的规矩还有"三忌""三不
离"等。不过，不管是水路的规矩还是陆路的规矩，都是
为了镖师能安全地将货物送达。

三、大运河上的漕帮文化

随着大运河的南北贯通，贸易活动日益频繁，在大运河之上渐渐衍生出了一个帮派——漕帮。这些人在运河沿岸以运送漕粮为业，故得名"漕帮"，也有"粮船帮"或"粮帮"之称。

漕帮的出现，要从明朝永乐年间说起。永乐年间，明成祖朱棣迁都北京，为了"南粮北运"，便重新疏通了大运河，还设立了专门的漕军，漕帮正是由此转化而来。

由于漕军这一职业收入有限，并且负担异常沉重，还经常遭受各种剥削和压迫，因此大量的漕军选择了逃亡。可朝廷又需要有人来从事这一工作，于是只能雇佣无业游民作为临时工来担任船工和水手。

清朝建立后，一直都在致力于恢复明代的漕军。康熙年间，一艘漕船上共有十名定额水手，其中仅有一名是有军籍的漕军，其余全部是雇佣的"临时工"。时间一长，这些"临时工"开始抱团谋生，拉帮结派。他们按照地区划分出阵营，分为不同的帮，如德州帮、兴武三帮、赣州帮等。每个帮的漕船数量不一，多者七八十艘，少者二十余艘。

雍正初年，漕帮取得了合法地位，并迅速发展壮大。雍正皇帝在位期间，曾通过挂榜招贤来寻找负责办理漕运的人员。翁岩、钱坚、潘清三位异姓兄弟揭了皇榜，创立了由通州至杭州的粮运之道，建设了七十二个半码头，设立一百二十八帮半。漕帮自此开始迅速发展壮大，翁岩、钱坚、潘清三人也被奉为漕帮祖师爷。

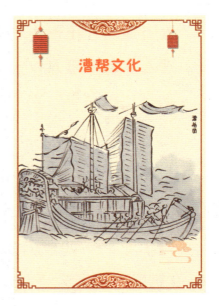

随着漕帮的兴起，逐渐衍生出特有的漕帮文化。漕帮是一个严密的组织，实行的是军事化管理，有着严格的家法和漕规。同时，漕帮也是一个讲江湖道义的组织。漕帮内部团结互助、互帮互济，各帮派之间友好和睦、和气生财。如果长此延续，漕帮未来的发展前景将欣欣向荣。

　　然而，这一切都随着海运的兴起改变了。由于海运日益发达，致使漕帮的生意逐渐减少。不同帮派之间，为了争夺有限的工作，经常大打出手，甚至多次爆发大规模的械斗，漕运也日益衰落。

　　光绪二十七年（1901 年），繁荣了六百余年的漕帮被迫上岸，到运河沿线发展。这些成为"无业游民"的人整日混迹在街头，凭借严密的组织性和江湖义气，慢慢演变为运河沿岸地区的黑社会组织，民国时期则正式更名为青帮。

　　民国时期，上海赫赫有名的黄金荣、杜月笙、张啸林三人，就是当时青帮的代表人物。他们在上海只手遮天、翻云覆雨。随着民国时期的结束，这种局面才宣告终结。

四、官阶与驿馆待遇

古代王朝最为典型的特征就是具有森严的等级制度。这种特征也表现在了驿馆的待遇上，官阶不同的官员在驿馆的待遇也不一样。

驿馆是分布于各个驿道上的客舍。这些驿馆不仅可以用于驿人换马休息，有时还用于接待官员。这些驿馆大多只为官员服务，普通人是没有资格住驿馆的，即使有钱也不能入住。

虽说驿馆是为官员准备的，但是官员也没有资格一直住在那里白吃白喝。朝廷对于官员的住宿时长有明确规定，住宿时间最长不得超过一个月，否则就要受到流放的处罚。《庆元条法事类·职制门七·舍驿》中就明文规定："诸居占馆超过三十日，徙一年；临流亭馆、马铺、递铺，杖一百。官司知而不遣，各减犯人一等。"

官员的等级差别也体现在驿馆待遇方面。如果几批人同时入住驿馆，但他们官阶相当，这种情况通常是先到者先得；但如果官阶有高低，即使官阶低者先到，也要将好的客房让给官阶高者。一家驿馆，根据客房的面积、朝向、陈设等条件，将客房分为不同的等级。

《东观奏记》中记载了官员争房的故事。唐朝年间，京兆府参军卢甚和门下省补阙崔瑄在驿馆相遇，二人都想要住上房。崔瑄为从七品官员，卢甚是正八品官员。但是二人住驿馆的缘由不同：崔瑄是因为私事，回家成亲后返回京城；而卢甚却是因公事，奉京兆尹之命前来出差。这二人都想住上房且互不相让，吵得不可开交。最终此事交由御史台查办。

类似的事情在唐代时常发生。方州刺史刘仁轨奉旨进京，于莱州驿站住宿，先是被安排在了西厅住宿。可是到了后半夜，一位监察御史来投宿，并要求住上等房。虽然刘仁轨已经入住较好的西厅，但是监察御史是正四品官员，而刺史只是正八品官员，刘仁轨只能让出西厅，住到了东厅。这一事例就是典型的在

刘仁轨

驿馆住房，不看先来后到，只看官位高低。

驿馆内的食物供应也要依照官员的官阶来。虽然官员在驿馆享受免费的食物供应，并且酒肉齐备，但是食物多寡是要根据官阶来分配的。三班奉职（宋朝年间的武职，分东、西、横三班）官员如果到驿站住宿，只能免费享受半斤羊肉；如果是员外郎级别的官员，每日则可以享受数斤羊肉。

北宋真宗祥符年间，有一位三班奉职的官员在驿馆的墙壁上留下了一首诗。诗言："三班奉职实堪悲，卑贱孤寒即可知。七百料钱何日富，半斤羊肉几时肥？"看来想要吃到更多的羊肉，努力工作、升职加薪才是正解。

五、一骑红尘妃子笑，无人知晓驿人苦

　　唐玄宗与杨贵妃的爱情历来为人所称道。杜牧在《过华清宫》一诗中写道："一骑红尘妃子笑，无人知是荔枝来。"众所周知，杨贵妃特别喜欢吃荔枝，唐玄宗为了博爱妃一笑，经常命人从千里之外运送荔枝。看到荔枝的杨贵妃非常高兴，运送荔枝的驿人却叫苦不迭。

　　名列"古代四大美女"之一的杨玉环，最喜爱的水果莫过于荔枝。杨玉环究竟为何对荔枝情有独钟呢？相传杨玉环曾作过一首诗《遥忆故乡》："巴山蜀水美如画，青城山麓吾故乡。导江城里降人世，银杏树下洗玉肌。"蜀地盛产荔枝，杨贵妃如此喜欢吃荔枝也就不稀奇了。

　　可是自从做了唐玄宗的贵妃后，杨玉环便只能久居长安，想吃一次甘甜鲜美的荔枝非常困难。唐玄宗为了

让爱妃能吃上荔枝，便利用当时的驿道，不远千里将荔枝运送至长安。

世人多认为杨贵妃吃的荔枝来自岭南，其实不然。《舆地纪胜》中引《洋川志》云："杨妃嗜生荔枝，诏驿自涪陵，由达州，取西乡，入子午谷，至长安才三日，香色俱未变。"这里明确指出杨贵妃吃的荔枝是产自巴蜀地区的涪陵一带。

荔枝虽然色、香、味俱佳，但却极难保存。唐代诗人白居易曾在《荔枝图序》中写道："荔枝一日而色变，二日而香变，三日而味变，四五日外色香味尽去矣。"可见荔枝的存放不得超过三天，三天一过，荔枝基本上就失去了原有的味道。然而古代的物流与交通远不如今天发达，唐玄宗如何能在这么短的时间内将荔枝由巴蜀地区运送至长安呢？

首先，唐玄宗下令在蜀地涪州（今重庆涪陵）至长安间修建了专驿荔枝道，便于荔枝的运输。其次，为了将荔枝快速运至长安，在运送荔枝的途中，驿人无论白天与黑夜接力骑马赶路，一刻也不敢停歇，"人马毙于路者甚众，百姓苦之"。新鲜的荔枝终于送到了杨贵妃的面前。

尽管荔枝三天就送到了，但还是会影响口感。有人考证，杨贵妃吃到的荔枝其实是移植过来的荔枝树上的。清代吴应逵曾在《岭南荔枝谱》中记载："（唐代贡生荔枝）当如汉武移植扶荔宫故事，以连根之荔栽于器中，由楚南至楚北、襄阳、丹河，运至商州。秦岭不通舟楫之处，而果正熟，乃摘取过岭，飞骑至华清宫，则一日可达耳。"

不管是三日达还是一日达，为了满足杨贵妃想吃新鲜荔枝的需求，耗费了无数的人力、物力和马力，不知跑死了多少驿人和驿马。这些底层人士的苦，统治者是不会感同身受的。